GALATEO OU
DOS COSTUMES

GALATEO OU DOS COSTUMES

Giovanni della Casa

Apresentação
CARMELO DISTANTE
Prefácio e notas
ALCIR PÉCORA
Tradução
EDILEINE VIEIRA MACHADO
Revisão técnica e da tradução
ALCIR PÉCORA

Martins Fontes
São Paulo 1999

Título original: GALATEO.
Copyright © Livraria Martins Fontes Editora Ltda.,
São Paulo, 1999, para a presente edição.

1ª edição
novembro de 1999

Tradução
EDILEINE VIEIRA MACHADO

Revisão técnica e da tradução
Alcir Pécora
Revisão gráfica
Eliane Rodrigues de Abreu
Solange Martins
Produção gráfica
Geraldo Alves
Paginação/Fotolitos
Studio 3 Desenvolvimento Editorial (6957-7653)

Dados Internacionais de Catalogação na Publicação (CIP)
(Câmara Brasileira do Livro, SP, Brasil)

Della Casa, Giovanni, 1503-1556.
Galateo, ou, Dos costumes / Giovanni della Casa ; tradução Edileine Vieira Machado ; revisão da tradução Alcir Pécora. – São Paulo : Martins Fontes, 1999. – (Clássicos)

Título original: Galateo.
ISBN 85-336-1145-5

1. Conversação 2. Etiqueta 3. Della Casa, Giovanni, 1503-1556. Galateo, ou, Dos costumes – Crítica e interpretação 4. Normas sociais 5. Usos e costumes I. Título. II. Título: Dos costumes. III. Série.

99-4155 CDD-395

Índices para catálogo sistemático:
1. Boas maneiras : Costumes 395
2. Comportamento social : Prática : Etiqueta 395
3. Etiqueta : Costumes 395

Todos os direitos para a língua portuguesa reservados à
Livraria Martins Fontes Editora Ltda.
Rua Conselheiro Ramalho, 330/340
01325-000 São Paulo SP Brasil
Tel. (11) 239-3677 Fax (11) 3105-6867
e-mail: info@martinsfontes.com
http://www.martinsfontes.com

Índice

Apresentação VII
Prefácio. *Razão e prazer da civilidade* XV

1. *A lição do rústico* XVI
2. *A ordenação dos modos pela* companhia XXII
3. *O duplo cânone do* Galateo XXVIII

Cronologia XXXIII

GALATEO OU DOS COSTUMES 3

Apresentação

Temos a grande satisfação de apresentar finalmente aos estudiosos e ao público brasileiros o *Galateo*, de Giovanni della Casa (1503-1556), traduzido para o português por Edileine Vieira Machado. A publicação da qual aqui tratamos deve-se a uma inteligente iniciativa da Editora Martins Fontes, de São Paulo, que coloca ao alcance de todos os leitores um dos mais famosos tratados de todos os tempos, o *Galateo*, o qual, ao lado de *Il principe* (O príncipe) de Maquiavel, *Le prose della volgar lingua* (Prosas da língua italiana) de Pietro Bembo, *Il cortegiano* (O cortesão) de Baldassare Castiglione, e *I ricordi* (Reflexões) de Francesco Guicciardini, destaca-se como símbolo de uma grande civilização que modificou os parâmetros de valores das atividades humanas em todo o mundo.

A primeira observação crítica a ser feita a propósito do *Galateo* é que ele marca cronologicamente o encerramento, *grosso modo*, dos grandes tratados da Renascença italiana, os quais tinham por finalidade ditar as regras que deveriam ser seguidas pelas pessoas para se fazerem apreciar durante a vida. *Il principe*, que é um tratado de regras políticas, foi composto no segundo semestre de 1513; *Le prose della volgar lingua*, um tratado sobre normas lingüísticas e gramaticais, foi publicado em 1525, tendo sido iniciado em 1502; *Il cortegiano*, dirigido à disciplina e ao refinamento das pessoas que freqüentavam as cortes da época, foi completado em 1518, porém começara a ser escrito antes de 1513, quando seu autor, Castiglione, estava em Urbino, na corte de Guidubaldo de Montefeltro. O *Galateo*, que por sua vez tem por finalidade a análise das regras referentes ao bom comportamento social, foi escrito entre 1551 e 1555, já na época da Contra-Reforma, que muito o influenciou, quando o Renascimento italiano, com Leonardo da Vinci (1452-1519), Maquiavel (1469-1527), Bembo (1470-1547), Ariosto (1474-1533), Castiglione (1478-1529) e Guicciardini (1483-1540), tinha dado o melhor de si e tocado o ápice da cultura em todos os campos do conhecimento. Por isso, pode-se dizer que com o *Galateo* fecha-se um ciclo que ditara as regras tanto do modo de fazer política ou de viver socialmente, quanto da arte de escrever bem e corretamente e do fazer artístico. Antes de prosseguir neste estudo, acreditamos que seja oportuno explicar por que consideramos que o Renascimento italiano foi um período histórico marcado pelo triunfo das regras, a fim de se disciplinar qualquer aspecto da vida. Na verdade, o Renascimento italiano foi um período revolucionário que alçou a humanidade da Idade Média ao mundo moderno. Nada se explica do mundo moderno sem o Renascimento italiano. Foi ele que fez mudar o posicionamento do homem no universo, fazendo-o passar do geocentrismo ptolemaico ao heliocentrismo copernicano e galileano. Também fez desviar os olhos da perfeição das leis divinas para as leis que governam a realidade da natureza e do homem que é por ela envolvido e dela faz parte. E para que a vida possa ter continuação após uma revolução política, social, moral e intelectual – e uma revolução propriamente dita engloba necessariamente todos esses fatores – é indispensável que encontre as novas regras que lhe proporcionem uma nova ordem estável. Do contrário, é destinada a consumir-se em um vórtice insensato, sem direção nem metas a serem atingidas. E foram as novas regras que determinaram uma nova ordem e estabilidade à vida emergente após a profunda mudança histórica causada pelo Renascimento italiano. Isto sempre acontece ao longo do desenvolvimento da História: quanto mais profundos são o choques históricos, tanto mais se faz necessário o surgimento de novas regras para dar uma nova estabilidade e uma nova base à vida. Explicamos, assim, por que o Renascimento italiano, mesmo sendo um período histórico revolucionário, foi também um período marcado pelo nascimento das regras, que são, em todos os sentidos, a base daquele a que chamamos mundo moderno, que historicamente vai da descoberta da América (1492) até o século XIX, à exceção de alguns elementos originários do Barroco e do Romantismo.

Partindo deste quadro histórico, vejamos agora em quais regras baseou-se o *Galateo*. Dizemos logo que Della Casa, com seu tratado que foi publicado postumamente, não tinha a pretensão de compor uma grande obra, senão dar conselhos a um sobrinho seu, Annibale Rucellai, quanto ao comportamento que se deve ter em sociedade para ser bem quisto pelos demais. Para tanto, segundo ele, basta não ir contra os costumes praticados no lugar onde se vive e evitar assumir uma posição contrastante à dos outros para não os ofender; enfim, para não ser desagradável aos demais, basta conformar-se aos seus costumes.

Como se percebe, Della Casa, no *Galateo*, não pretendia fazer um estudo dos grandes problemas humanos, tais como a política, a literatura, a filosofia, a natureza, a religião, a moral, a ciência, etc. Sua proposta foi muito mais modesta, contudo não menos interessante. E aqui está a importância de seu tratado, a saber, sua intenção de disciplinar, pode-se dizer até hedonisticamente, o comportamento cotidiano de uma pessoa que quisesse ser bem aceita socialmente.

Mas o que significa comportar-se de modo tal que não se aborreçam os demais? E em que circunstâncias ocorre o contrário do que se pretende? Para responder a estas perguntas, Della Casa faz referências, por um lado, à psicologia humana, não histórica, e, por outro, ao costume histórico e geográfico praticado por uma determinada sociedade. Refletindo-se bem, porém, percebe-se que as duas coisas não são distintas entre si, pois a psicologia humana não escapa à influência da prática social e vice-versa. Quem está habituado, por exemplo, a viver de certo modo, ao defrontar-se com alguém de costumes completamente diferentes não tem como não sentir um certo desconforto diante do outro, quer expresse, quer não as suas impressões. Disto pode derivar efetivamente a dificuldade quanto à apreciação recíproca e à boa convivência.

O grande mérito do nosso escritor foi o de não tratar este problema de modo abstrato, mas sim eminentemente prático e concreto, pois examinou os comportamentos humanos cotidianos que aborrecem ou não as pessoas, a começar, por exemplo, pelo modo de falar, comer, beber, vestir-se, caminhar, sentar-se, gesticular e assim por diante. Analisou nos mínimos detalhes os comportamentos que agradam ou desagradam, partindo de dois princípios fundamentais: em primeiro lugar, tudo o que não se faz de modo comedido e equilibrado sempre aborrece, ao passo que toda exageração, ainda que mínima, é sempre nociva à boa aceitação de um indivíduo na sociedade; em segundo lugar, é necessário que qualquer pessoa que não queira desagradar aos demais conforme-se perfeitamente aos costumes da sociedade em que vive ou com a qual tem contato. Portanto, para não ferir a sensibilidade do interlocutor, uma pessoa deve ser dotada de equilíbrio, temperança, capacidade de adaptação e moderação, e deve evitar sempre tentar fazer prevalecer a própria opinião sobre qualquer que seja o assunto abordado. Outra virtude para uma conversa agradável é dizer sempre coisas que agradem a quem escuta. "Ser grosseiro, mal-educado e desagradável" é o pior serviço que um homem pode fazer a si mesmo quando em contato com outros. Por isso, na sociedade, se quisermos comportar-nos como cavalheiros, não devemos pensar no nosso prazer e bem-estar, mas no dos outros. Desagradar às pessoas significa dizer ou fazer coisas que transgridem qualquer regra de boa educação, como, por exemplo, não dar atenção ao que os outros dizem ou não ir com solicitude à mesa quando a comida está servida e os demais já estão nos esperando, ou ainda, não lavar as mãos antes de sentar-se para comer, ou então, diante das outras pessoas, colocar as mãos em alguma parte inconveniente do corpo, e assim por diante. Pelo que dissemos até este ponto, deduz-se claramente que todo o tratado do *Galateo* baseia-se na razão, ainda que em uma "pequena" razão, pois não debate nem afronta grandes temas e problemas, ao contrário do que faziam notórias figuras do Renascimento, como as citadas anteriormente. Della Casa limita-se simplesmente, na vereda de um platonismo que estivera presente em toda a grande cultura renascentista italiana, a disciplinar em sentido socialmente positivo, com a razão, os costumes que convém seguir na vida cotidiana, se não quisermos ser repulsivamente grosseiros e mal-educados. Não há dúvidas de que a filosofia neoplatônica renascentista influenciou muito Della Casa. Basta pensar que no *Galateo* a "beleza" é identificada com a medida derivada de uma figura ideal, a qual vence e supera todas as figuras contingentes ou empíricas, e por isso não pode ser vencida e superada por elas*.

Não obstante parece-nos útil mencionar dois outros pontos antes de concluir este estudo introdutório: por que julgamos o *Galateo* imbuído de espírito contra-reformista e qual é a razão do seu imenso sucesso crítico em todo o mundo e em todos os séculos após sua publicação em 1558 pela Editora Bevilacqua, de Veneza, organizada por Erasmo Gemini de Cesis, que fora secretário de Della Casa, e por Carlo Gualtieruzzi, os quais

....
* Cf. pp. 79-80.

publicaram o tratado com o título de *Galatheo, ò vero de'costumi* (Galateo ou dos costumes). O título foi dado em homenagem ao bispo de Aquino, e mais tarde depois de Sessa Aurunca, chamado Galeazzo Florimonte (1478-1567), grande humanista e um dos quatro juízes do Concílio de Trento, louvado pelo autor do tratado numa passagem célebre.

Quanto ao fato de que o *Galateo* seja imbuído de espírito contra-reformista, todo leitor pode observar – basta prestar atenção ao fato de que é considerada uma louvável virtude aquela de se valorizar a forma das coisas e das palavras e não a sua substância – mesmo sem se recordar o fato histórico de que Della Casa fundou, em 1547, o Tribunal da Santa Inquisição na República de Veneza, movendo um processo contra o bispo de Capodistria, Paolo Vergerio. Além disso, lembra-se que ele foi o primeiro a organizar, em 1548, o *Index librorum proibitorum* (Índice dos livros proibidos).

Mesmo desconhecendo estes fatos biográficos, percebe-se claramente em vários indícios a presença do espírito da Contra-Reforma no *Galateo ou dos costumes*. Dante, por exemplo, é censurado por ter usado na *Commedia* expressões, segundo Della Casa, indecentes, bem como Boccaccio, por ter descrito no *Decameron* cenas amorosas não castas.

Vejamos agora por que o *Galateo* teve um sucesso crítico excepcional, se não tanto quanto *Il principe* de Maquiavel, certamente como *Il cortegiano* de Castiglione. São duas as razões: primeiro, porque sempre foi lido e apreciado como o tratado das boas maneiras por excelência. Pode-se dizer que não houve geração que não o tivesse lido como o vade-mécum da boa educação. Além disso, ao contrário de *Il cortegiano*, não foi lido como um livro da época, válido, portanto, somente para a sociedade ligada às cortes renascentistas, mas sim como um manual do qual pessoas de qualquer classe social, especialmente da classe média, pudessem extrair o que necessitassem para se mostrar bem-educadas e comportar-se socialmente. Acreditamos, portanto, que foi mesmo o seu conteúdo que o tornou famoso e tão procurado em todos os tempos e por todos os povos.

A linguagem do *Galateo*, porém, é estruturalmente bastante difícil e por demais rebuscada, visto ser Della Casa um grande humanista, além de um poeta original; por isso, seu modo de escrever não é de fácil leitura. Apesar disto, lê-se o *Galateo* pela elegância e pelo refinamento do conteúdo.

CARMELO DISTANTE

Prefácio
Razão e prazer da civilidade

> *Quello que io non fo dunque leggendo la Scrittura*
> *e poi fo udendo la predica,*
> *è tutto opera e fruto dell'eloquenza.*
>
> (Giovanni della Casa, *Lettere familiari*)
>
> *(...) ma convienci ubbidire non alla*
> *buona ma alla moderna usanza (...)*
>
> (Idem, *Galateo*)

Publicado pela primeira vez em 1558, porém escrito nos primeiros anos da década, quando Giovanni della Casa (1503-1556) é afastado da nunciatura em Veneza e dispõe então do tempo que apenas o ócio filosófico pode conceder-lhe, este *trattatello* com nome de gente é o mais importante e influente livro de civilidade depois d'*O cortesão* de Baldassare Castiglione, saído trinta anos antes. Essa vizinhança de tempo e gênero nem sempre lhe foi benéfica, contudo: muita gente desavisada já o leu como uma redução ao trivial empírico das lições de mais alto ideal d'*O cortesão*[1]. Mas sustentar essa posição exigiria a adoção de um ponto de partida demasiado restrito, seja positivista ou idealista, em que a exterioridade do referente é radical, pois como sequer pensar em trivialidade diante de uma prosa que, segundo os padrões de época, está entre o que de mais gracioso e requintado produziu o insuperável século XVI italiano? E ocorre que

---
1. Cf. por exemplo o que se escreve no verbete dedicado a *Giovanni della Casa* in *A Concise Encyclopaedia of Italian Renaissance*, dirigida por J. R. Hale (Londres, Thames & Hudson, 1981).

de modo algum os seus aspectos práticos podem diminuir seu interesse diante do outro *Livro*, pois é precisamente a relevância que ocupa nele a filosofia prática e a retórica civil reformista de matriz aristotélica que o difere decididamente do modelo nostálgico e neoplatonizante d'*O cortesão*. Assim, mais vale a pena depositar aqui a pressa das generalidades costumeiras e examinar por alguns instantes os termos que o próprio *Galateo* elege para dar-se a conhecer.

1. A lição do rústico

A *persona* do *rústico* que instrui um rapazola, adotada pelo tratadista, tem sido um dos aspectos mais notados pela fortuna crítica do *Galateo*. Tradicionalmente, o procedimento tem conduzido a duas interpretações básicas: uma, a de que Della Casa pretendera ressaltar que os ensinamentos do tratado não deveriam ser considerados como matéria de exclusivo interesse ou aplicação ao grupo dirigente e cultivado; outra, a de que, com isto, Della Casa também afirmava ser a matéria das maneiras civis própria de um saber proveniente mais da experiência do que do estudo. A meu ver, contudo, ambas as hipóteses, genericamente plausíveis, podem entretanto dar margens a equívocos importantes. Em relação à primeira, deve-se de imediato dizer que qualquer leitura *democrática* do *Galateo* é essencialmente inadequada, pois são os gentis-homens, vale dizer, os literatos e a gente de corte, o objeto único de sua atenção; a extensão ou não aos demais, se se pudesse fazer, seria apenas por natural imitação dos *melhores*, e não por serem o objetivo efetivo da ação pedagógica. Vale dizer, ainda que esse transbordamento ocorresse, seria irrelevante diante do que realmente conta no tratado: a educação da elite.

Quanto ao segundo ponto, é bem verdade que a *experiência* é categoria importante no *Galateo*, mas ela não é qualquer, nem extensiva à gente comum: vale sobretudo aquela que acumula conhecimento a respeito da variedade dos costumes das cortes estrangeiras, que domina a elegância sábia das conveniências e, também, que está acostumada aos cálculos e meandros da vida civil e política – tais são, aliás, as virtudes que o secretário Erasmo Gemini alega terem valido a Della Casa, quando o Bispo de Sessa, Galeazzo Florimonte, recomendou-lhe a redação de um livro a propósito dos tratos convenientes entre os gentis-homens[2]. Além disso, a *experiência* que o *Galateo* solicita não exclui a exigência de estudo ou doutrina, pois, em primeiríssimo lugar, conta aqui o gosto e o emprego da língua literária, já amadurecida em vulgar a partir dos modelos cultos florentinos dos séculos XIII e XIV, definidos basicamente por Dante, Boccaccio e Petrarca, e, àquela altura, reelaborados e atualizados, entre outros, por Castiglione e Bembo.

Assim, mais adequado seria pensar que a *persona* do *rústico* enuncia, sim, a condição da experiência do

----

2. *A lettori*, in *Rime, et prose di M. Giovanni della Casa*, Veneza, N. Bevilacqua, 1558, apud *Testimonianze e giudizi*, in *Galateo*, notas de Claudio Milanini, Milão, BUR, 1986 (5ª ed.).

gentil-homem, sobretudo entendida como exigência do tempo para formação efetiva de hábitos educados, mas também apresenta-se como signo de uma falta ou deficiência, e, portanto – eis aí o ponto –, de construção de um *lugar humilde* para o narrador. Na tradição retórica clássica, tal lugar humilde, entendido como *modéstia afetada*, constitui um importante recurso dentre aqueles que visam a *captatio benevolentiae*, isto é, o processo de conquista da atenção e boa vontade do interlocutor para aquilo que se vai formular em seguida. Nesse sentido, o narrador de tipo rústico deve ser interpretado, em particular, como desdobramento muito erudito da figura retórica da *rusticitas*, cujo exemplo mais citado é o de Cícero, no *Orator*, quando se coloca a si e a sua inteligência muito abaixo da matéria que lhe é proposta[3]. Quintiliano, falando dos exórdios das orações, adverte que o que mais deve brilhar neles é a "modéstia do orador no semblante, na voz, no que diz e no modo de propô-lo"[4]. A lição, de resto, não foi menos adotada pelos cristãos medievais, que a associam a *figuras de devoção e humildade*[5], com as quais o pregador, aparentemente diminuindo a si mesmo, como que demonstra ao auditório a verdade de suas virtudes e a autoridade inegável com que fala.

Ainda no interior da tradição letrada, caberia lembrar dois aspectos que são bastante pertinentes para a análise

---

3. I, 1-2.

4. *Instituições oratórias*, IV, 7.

5. Cf. *Literatura européia e Idade Média latina*, de E. R. Curtius (São Paulo, Edusp, 1996); em particular pp. 497-503.

do *Galateo*. Primeiro, que a *persona rústica* também refere o gênero das *fábulas políticas*, cujo modelo básico de ficção prevê justamente que alguém que vive fora da corte, vale dizer, alguém que está imune aos vícios que se pretende criticar nela – como, para aludir aos mais freqüentemente citados, a afetação, a vaidade e a bajulação –, seja a pessoa mais indicada para o melhor conselho e reforma desses costumes[6]. Depois, pensando-se mais especificamente no período em que se inscreve o *Galateo*, de grande prestígio dos modelos cultos da Antigüidade, deve-se considerar que a própria criação de uma *persona* para o narrador, relacionada por sua vez com uma outra, a do *rapaz*, como interlocutor explícito do discurso, insinua, enquanto ficção literária, o gosto do *artifício*, da reflexão deleitosa e requintada, capaz de mover afetivamente o seu leitor. Desse ponto de vista, o *Galateo* guarda boa distância do gênero *didascálico*, entendido como exclusivamente pedagógico e, como tal, desinteressado de persuadir. Aliás, em carta ao sobrinho Annibale, o mesmo que a tradição costuma identificar como sendo a pessoa particular sob o "tu" do *Galateo*, Della Casa observa que a boa oração sempre obriga a vestir as razões de belas palavras, argumentos e ornatos. E diz ainda que, se no que toca aos "princípios", boa parte das questões já se encontram decididas nos textos políticos de Aristóteles, a bela elocução e a elegância no falar devem ser encontradas a cada vez, sendo este so-

---

6. Cf. *A cena admoestatória. Gil Vicente e a poesia política de corte na Baixa Idade Média*, de Alexandre S. Carneiro (tese apresentada ao DTL/Unicamp, em 1997).

bretudo o mérito dos escritores, que não se contentam em ensinar, mas querem mover e deleitar os ânimos, isto é, persuadir das provas obtidas com a sua eloqüência – uma arte, pois, que não se esgota na doutrina e na erudição[7].

Nesse sentido, não se pode deixar de lado a questão do narrador rústico, sem perguntar pelo seu efeito na elocução, isto é, sem levantar hipóteses sobre que escolha particular de palavras decorre da escolha de um narrador desse tipo. Uma resposta verossímil a essa questão talvez avalie com mais justiça o sabor verdadeiramente único deste *trattatello*. Apenas para não deixar de registrar um palpite, creio que a opção por uma *persona* que é, ao mesmo tempo, *superior e inferior a nós*, isto é, mais experiente, mais sábia, mas também falando a partir de um lugar mais humilde, e tendo supostamente freqüentado lugares e companhias menos dignos, dá ao tratado o ganho de uma extraordinária amplitude de registros e dicções. Não por outro motivo alguns de seus leitores mais célebres estão inteiramente em desacordo sobre o básico de seu estilo: Leonardo Salviati o julgava absolutamente fiel ao modelo erudito de Boccaccio; Giuseppe Parini julgava que Della Casa, sem perder o grave e nobre daquele, tinha descoberto uma forma simples e natural de escrever; Alfieri, jovem, o tinha achado insuportavelmente pedante, e, maduro, admirado sua riqueza e brevidade...[8] Com efeito, o

---

7. *Lettere familiari*, in *Prose scelte e annotate*, Florença, Sansoni, 1957 (pp. 83-4).

8. Cf. *Testimonianze e giudizi* (*op. cit.*), pp. 32-4.

tipo *rústico* está à vontade para contar casos pitorescos e mesmo obscenos, pois é procedimento adequado ao gênero baixo, como também pode referir etimologias e anedotas eruditas, justificadas como reprodução de conversa ouvida de doutos, e caminhar, assim, equivocamente, entre termos com duplo sentido, nos quais convivem ironicamente as expressões populares e o mais estudado emprego de figuras retóricas, o que, tudo bem ajustado, dá ao livro vivacidade e graça, propriedade e colorido.

Nessa mesma chave interpretativa, convém repensar a funcionalidade própria do *ouvinte-rapaz*, cuja pouca idade justifica que assuntos tradicionais da teologia, da filosofia e da política sejam sem discussão deixados de lado, em favor deste outro, mais novo, menos justificado na fortuna doutrinária, mas também mais próprio para ensinar-se desde cedo, como é o das conveniências do trato, das maneiras e palavras educadas. Evita-se, desse modo, a pecha de matéria frívola, e estende-se ao leitor um mundo desfiado a partir de uma perspectiva supostamente modesta, que conta os pequenos acontecimentos formativos do hábito na vida diária do jovem e não aqueles mais vibrantes das ações decisivas. Assim, falando como rústico ao mais jovem, acentuado o humilde da cena, Della Casa também pode argumentar segundo o lugar retórico da quantidade e justificar facilmente a propriedade e utilidade de seu ensino pela maior freqüência na vida das pessoas das situações de convívio do que das que exigem virtudes heróicas.

2. *A ordenação dos modos pela* companhia

O princípio básico do trato civil estabelecido pelo *Galateo* está coerentemente assinalado em todo o tratado: deve-se ordenar os modos segundo o prazer da *companhia*, ou, noutras palavras, segundo o que seja passível de agradar aquele com quem se trata – este é o critério decisivo que define a ação educada.

Tal submissão das maneiras ordenadas, logo, da orientação para o bem, ao critério soberano do costume ou do hábito agradável deu margem a uma crítica bastante severa ao *Galateo*, que o identificou com um esforço de controle da vontade livre e de propaganda da sujeição servil à autoridade[9]. Contudo, não se trata disso, ou ao menos não nos termos historicamente anacrônicos em que esta opinião se formula usualmente, quando supõe nas noções de *autoridade* e *serviço*, respectivamente tirania e humilhação ou, enfim, opressão e oprimido. Ora, o critério dellacasiano de civilidade e boa educação segundo o que se usa no grupo, vale dizer, segundo o costume adotado na companhia, constitui seguramente uma das mais importantes formulações da Itália moderna, correlata daquela de *razão de Estado* que ele formula em outra obra-prima da retórica quinhentista, a célebre *Oração a Carlos V*, de 1549. Sem entrar em suas implicações teológicas e políticas, que interessam menos diretamente ao *Galateo*, é preciso considerar que o que se enuncia aqui, de maneira consistente e sistemática, é a idéia de uma indistinção entre

....
9. Cf. *A Concise Encyclopaedia...* (*op. cit.*), *ibidem*.

moral e *costumes*, que, por sua vez, implica uma redefinição importante do papel da retórica e dos modos civis na vida social. Efetua-se aqui um marco nas releituras católicas do período, que vão se apropriar das reflexões éticas de Aristóteles que entendem a virtude moral como efeito de hábitos bons, isto é, como o resultado de uma fixação de atos – *obras*, na terminologia católica – considerados bons em determinadas situações ou circunstâncias coletivas ou públicas. É pelo hábito adequado, adquirido ao longo do tempo pela prática de obras racionais, que se passa das inclinações do caráter, moralmente neutras, ao verdadeiramente ético. Quer dizer, a predisposição natural, ainda que virtualmente boa, tem ainda que ser amadurecida pelo hábito adequado, voluntariamente adquirido, para efetivar-se como virtude.

Em termos retóricos, pode-se dizer que a consideração do critério do uso vigente na companhia dos gentis-homens busca ultrapassar as formulações platônicas em que, afinal, a única aplicação razoável para a eloqüência seria a exibição do bom caráter do orador, enquanto atinente à bondade universal da lei. Aqui, diferentemente, pensa-se a retórica em relação aos hábitos que ordenam a vida civil e moral das pessoas, em diversos tempos, lugares e modos. Mais precisamente, pode-se dizer que os usos e costumes das companhias estruturam elementos *afetivos* dos comportamentos das pessoas, com valor semelhante, pois, ao das paixões e apetites. Ora, desde que elas são, enquanto afeitas a dor e prazer, causas importantes das mudanças de juízos, está claro que atender a esses costumes possibilita uma evidente eficácia da ação. Retoricamente, o que se está admitindo é que tais afetos são elementos capazes de orientar enunciados com grande capacidade de persuasão. Por outro lado, os costumes, neles mesmos, independentemente de seu poder de orientação pragmática, manifestam um ineludível caráter moral, uma vez que estabelecem um esquema complexo de inclinações ou apetites naturais em que as pessoas de determinada companhia se reconhecem mutuamente, e em que se identifica genericamente a base pública de sua virtude.

Por tudo isso, é demasiado redutor afirmar que o *Galateo* prega a subordinação cega a uma autoridade externa ou arbitrária. Subordinar-se à companhia implica mais precisamente a adoção voluntária e racional de hábitos considerados bons e prazerosos no interior da ordem social de que se participa ou que se reconhece como moralmente adequada.

No tratado, pois, resumindo o que se disse, os hábitos entendem-se como modos ou práticas que estruturam globalmente a vida da companhia, desde o que diz respeito à higiene, às maneiras de comer, vestir-se e apresentar-se em público, passando pelas relações entre certos temperamentos difíceis ou desagradáveis e as disposições sensíveis e afetivas predominantes no grupo, passando ainda pelas formas cerimoniosas adotadas ou recusadas dentro dele, até chegar à análise das várias formas, agradáveis ou penosas, que tomam as conversas, brincadeiras e zombarias em seu interior. Neste leque amplo de recomendações, raramente a leitura do tratado é menos que deliciosa, apesar de sempre exigir atenção para suas anedotas, equívocos e, sobretudo, suas inúmeras alusões eruditas. Em termos práticos, ele ensina, por exemplo, que não cabe nomear ou fazer coisas repugnantes, como segurar ou coçar as partes pudendas em público; que, à mesa, são desagradáveis atos como cuspir e comer depressa; que, no vestir, deve-se atender à conveniência, sobretudo de condição e idade; tudo sempre tendo à mão a regra geral de seguir o costume da maioria, vale dizer, os usos atuais aceitos por ela, não porque sejam melhores em absoluto, mas justamente porque traduzem o acordo ou as práticas adotadas como boas pelas pessoas com as quais se convive. Nesse caso, como ficou dito, adotá-las também, ou ao menos reconhecê-las como parâmetros ineludíveis do prazer ou da dor comuns, significa localizar a base mais eficaz para a ação pública.

Isto admitido, porém, o *Galateo* fornece como regra da ação não apenas a eficácia do fim, mas a graça e a elegância dos meios disponíveis. As eleições dos modos particulares a adotar ou corrigir demandam aquilo que tem *medida*, vale dizer, o que resulta de uma escolha ao mesmo tempo prudente e engenhosa. Assim, para não desagradar os afetos da maioria, não basta dar sinais de interessar-se pelo seu parecer, é necessário considerar que o trato entre os homens supõe um *prazer* que é próprio dele. Nesse sentido, em termos exemplares, agem contra o prazer da companhia as pessoas de temperamento irascível e animoso, que nunca estão de acordo, nem agem com companheirismo; também o uso de autoridade, mesmo legal, pode ser incômodo, uma vez que, em geral, deve prevalecer o ameno do convívio sobre as dívidas do senhorio; ademais, são desagradáveis os maledicentes, os belicosos ou hostis, de que todos acabam fugindo; e ainda mais os afetados e suscetíveis, condições pouco viris, que estragam o gosto da companhia. No que toca à conversação, hábito principal na prática do gentil-homem, desagrada a matéria frívola como a requintada demais; o assunto doméstico quanto o obsceno e, no outro extremo, o sagrado; tampouco convém a história triste, melancólica e a macabra, pois, em geral, agrada o alegre e o que atende à conveniência da situação pública. Para o *Galateo*, além disso, que existe num período ainda livre da ficção do inconsciente, matéria muito inconveniente é a dos sonhos: estes são sempre insignificantes, visões de mentes adormecidas, que, por isso mesmo, encontram-se dominadas por propriedades sensitivas, e não sóbrias ou raciocinadas. As mentiras, levianas como os sonhos, fazem-se não apenas de palavras, mas de atos e obras movidos por afetação, presunção e vaidade – os mesmos vícios que levam as pessoas a gabarem-se de nobreza, honra, riqueza ou juízo, e ainda insistirem em dar conselhos não solicitados.

Modos muito cerimoniosos são criticados pelo *Galateo* como atos de simulacro da honra, disseminados a partir da Espanha aristocrática e arcaica, assim como os excessos na distinção de nobreza, que podem conduzir a um disfarce da natureza inepta ou à perda do juízo próprio. Reconhece, contudo, que tais hábitos constituem um "pecado geral do século", de que dificilmente as pessoas particulares podem estar imunes. Recomendável é adotá-los com discrição, pois, em qualquer caso, o critério da civilidade, como ficou dito, é a obediência ao uso moderno, não ao bem ou à razão em si. A conformidade aos hábitos do século e da região também sugere que os pronomes de tratamento, outra forma de cerimônia ao falar, devem ser adotados sem excesso, de acordo com hábitos do lugar, o que de modo algum significa que devam ser recusados em nome de arcaísmos locais ou universais. Trata-se sobretudo de aceitar o uso, repassando-o pelas conveniências de tempo, idade e condição.

Quanto às brincadeiras e zombarias no interior da companhia, a regra geral da medida é aristotélica: lícito e agradável é o riso que não provoca dor; não escarnecer, nem imitar defeitos, pois é sinal de desprezo e gosto da vergonha alheia. As formas breves e agudas dos motejos apenas são legítimas quando *mordem* levemente, e são admiradas principalmente pelo movimento do intelecto, pela prontidão e vivacidade do espírito. Nesse sentido, são signos de urbanidade, entendida como termo médio entre o excesso de bufões, que produzem o ridículo, e o caráter áspero, próprio de rústicos. No caso das formas longas e continuadas das narrativas, são especialmente divertidas as que dão a impressão de que os acontecimentos passam-se diante dos olhos e observam adequação entre o que se conhece das personagens e os acontecimentos internos da narração; os defeitos mais notáveis são a interrupção seguida, a repetição de fórmulas e a prolixidade.

Nas conversas da companhia, não basta que a matéria seja adequada: no *Galateo*, sobretudo contam as regras de elocução, vale dizer, os modos de empregar as palavras. Os critérios fundamentais são a *clareza*, para inteligência do que é dito, e, acima de tudo, a *beleza* com que se diz, o que supõe ajuste entre o *som*, que demanda palavras *próprias* e *singulares*, e o significado *honesto*, que exclui palavras *vis* ou *vulgares*. Nesse sentido, Della Casa considera modos especialmente desagradáveis falar demais, sem formar antes a idéia no espírito, e confusamente, sem a ordem inscrita já na fala corrente, mas também calar excessivamente, que causa estranhamento e recusa da companhia.

3. O duplo cânone do Galateo

O principal análogo que Della Casa fornece para o seu tratado é o chamado *Cânone* de Policleto. Plínio, o Velho, refere-o da seguinte maneira, no Livro XXXIV de sua *História natural*, fonte de vários episódios e anedotas mencionadas no *Galateo*: "[Policleto] é também o autor da estátua que os artistas chamam Cânone, onde vão encontrar numa espécie de código as regras de sua arte: entre todos os homens, apenas Policleto passa por ter encarnado a arte numa obra de arte"[10]. Quer dizer, o *Cânone* entendia-se, e assim o toma Della Casa, ao mesmo tempo, como um discurso onde se forneciam as leis a respeito da perfeita proporção a representar-se na figura humana e como um exemplo estatuário da perfeição proposta. Adotando até o fim o recurso da modéstia afetada do velho rústico, o narrador lamenta que o *Galateo* não se possa constituir senão como tratado, pois a rusticidade e a proximidade da morte impedem-no já

----
10. XXXIV, 55.

de tornar a própria vida um exemplo do modelo de civilidade que propõe. O análogo, porém, afirma-se plenamente, e não apenas por Della Casa, através da falta anunciada do velho, chamar a atenção do leitor para o fato de que ela absolutamente não existe nele, sendo efetivamente um dos grandes cortesãos de seu tempo. Penso, na verdade, em outra coisa, que se esclarece perfeitamente quando, por exemplo, Giorgio Manganelli diz que "o *Galateo* considera as boas maneiras não só como matéria de retórica mas como uma arte retórica", de modo que "o discurso sobre o comportamento transforma o comportamento em discurso".[11] Quer dizer, o *Galateo* descobre ou formula uma eloqüência que é própria dos gestos e modos, desde que pensados como atos públicos partilhados com a companhia. Não há nada que separe as técnicas educadas do falar bem ou eficazmente e os modos de comportar-se capazes de obter o ganho e prazer que apenas a vida civil pode dar. Aliás, a meu ver, é preciso radicalizar-se essa identidade entre palavras e modos proposta no *Galateo*, pois não há uma retórica dos modos da mesma forma que há uma (outra) retórica das figuras do estilo: o que ele pretende revelar é que ambos, palavras e gestos, são parte efetiva de uma mesma gramática moderna em uso nas práticas sociais, e não há meio de poderem furtar-se a ela, senão como carência ou fracasso, isto é, como a rudeza ou a ignorância em face da fala articulada ou da conversação gentil.

---

11. "Introduzione" in *Galateo* (*op. cit.*), p. 10.

Por outro lado, deve-se ter em mente que quando o *Galateo* propõe os modos como figuras de um código discursivo em uso efetivo, isto não significa que tais usos não admitam correção ou aperfeiçoamento: eles apenas fornecem os limites verossímeis, isto é, consensuais, de determinada prática. Em seu interior, agem as medidas racionais de correção, conveniência, decoro, e, enfim, de beleza. O que é certo, em qualquer caso, é que as medidas de correção operam necessariamente por meio do costume e da razão, sem que inclusive possam ser dissociados entre si: o costume, sem a razão, pode não se distinguir da prática mecânica; a razão sem o costume, isto é, sem a sua fixação enquanto hábito no tempo, não pode sustentar com eficácia nenhum princípio educativo.

Ambas as categorias, contudo, não logram seu melhor arranjo conjunto, nem alcançam sua melhor medida no *Galateo*, sem que intervenha uma terceira: a da beleza. O seu critério mais geral é proposto a partir da tópica platônica da proporção das partes entre si e das partes com o todo: por causa dessa simetria, a beleza é una, e a feiúra, múltipla. A bela medida, síntese de todas as outras, vale para os corpos, como para a fala e os atos do gentil-homem. Mas isto não é tudo, e Della Casa rapidamente deixa as posições platonizantes, articulando-a ao princípio da conveniência segundo o uso: as ações devem combinar com pessoa, tempo e lugar, de modo que formem um conjunto único e proporcionado. A graça e formosura desse conjunto constituem o real deleite do intelecto, de que são sinais os seus aspectos sensíveis.

Neste ponto, apenas para encerrar algo dramaticamente esta breve introdução à obra-prima que o leitor tem em mãos, gostaria apenas de ressaltar que, para Della Casa, a beleza também demonstra a insuficiência da *bondade* como medida última da gentil companhia. Além dela, é preciso buscar a "luz da conveniência das coisas" que apenas reside inteiramente nas coisas belas. Assim, da mesma forma que anteriormente, como se viu, o bem era ainda uma medida insuficiente da conveniência enquanto sustentasse um princípio de lei que não atendesse aos costumes modernos ou se mantivesse externo a eles, agora, mostra-se a mesma insuficiência do bem enquanto verdade desproporcionada ou sem artifício, enquanto natureza em que não se descobre o ornato que a demonstra e nos persuade dela, através de correspondências graciosas e eloqüentes. Chegados a este lugar, as cartas que Della Casa despacha já não serão lidas pelo jovem Annibale ou pelos seus mais queridos correspondentes, mas sim recolhidas como ouro puro nas receitas conceptistas formuladas cem anos depois por gente como Gracián ou Tesauro, para quem juízo ou verdade são manjar desabrido e desengano a seco, quando não venham servidos com a cortesia das argúcias e agudezas.

ALCIR PÉCORA

Cronologia

28/6/1503. Nascimento em Mugello ou, com menos probabilidade, Florença; posteriormente, muda-se para Roma e faz seus estudos iniciais em Bolonha;
1524. Faz estudos, em Florença, com Ubaldino Bandinelli, citado no *Galateo*;
1525. Conclusão do curso de Direito em Bolonha; conhece Pietro Bembo, maior poeta do período;
1527. Muda-se para Pádua, onde estreita contato com Bembo e publica poemas burlescos;
1529. Retorna a Roma e compra título clerical florentino; funda com amigos a *Accademia de' Vignaccioli*; novas publicações de poemas licenciosos em terça-rima;
1537. Obtém ofício de clérigo da *Camera Apostolica*, aproximando-se do cardeal nipote Alessandro Farnese; nomeado comissário para cobrança da décima, imposto tradicional revertido para a Igreja;
1541. Muda-se para Florença: entra para a *Accademia Fiorentina*; cuida da educação dos filhos da irmã Dianora com Luigi Rucellai, entre os quais Anni-

bale, a quem, segundo atribuição tradicional, dedica o tratado;

1544. Torna-se arcebispo de Benevento e, posteriormente, núncio pontifício em Veneza, com a missão de fazê-la participar da liga de príncipes italianos contra a Espanha de Carlos V e receber em seu território o tribunal da Inquisição, com seu primeiro *Indice dei libri proibiti*;

1546. Publica um pequeno tratado latino, à imitação de Cícero, intitulado *De officiis inter tenuiores et potentiores amicos*;

1549. Escreve *Orazione a Carlo V*, um dos mais célebres exemplares da oratória política do período, solicitando a devolução de Piacenza à Igreja e empregando aí, pela primeira vez, a expressão "razão de Estado", de larga e fecunda fortuna na teoria política; morre Paulo III, e sobe ao trono papal Júlio III;

1550. Recebe encargo de processar o conhecido bispo de Capodistria, Paolo Vergerio, o jovem, que se mostrava simpatizante da Reforma; fim da nunciatura em Veneza;

1552. Retira-se para uma abadia em Nervesa, na Marca Trevigiana; começa a compor a vida de Bembo e do Cardeal Contarini, novos poemas, e também o *Galateo*;

1555. Ascende ao papado Paulo IV, que o convida para o cargo de Secretário de Estado; retorna à Corte romana;

1556. Doente, retira-se para Montepulciano, onde vem a falecer (14/11);

1558. Primeira publicação do *Galateo*, numa coletânea de escritos feita por seu secretário Erasmo Gemini De Cesis;
1559. Primeira edição como obra autônoma, em Milão.

TRATADO DO SENHOR GIOVANNI DELLA CASA

No qual, sob a pessoa de um velho rústico que instrui um rapaz, argumenta-se sobre os modos que se devem ter ou evitar na conversação civil, chamado

Galateo[1] *ou dos costumes*

[I] Contanto seja que[2] tu[3] começas só agora essa viagem da qual já percorri, como vês, a maior parte, isto é, a desta vida mortal, e tendo-te grande afeição, como tenho, propus a mim mesmo mostrar-te os vários lugares

....
1. Forma latinizada de Galeazzo. Della Casa, segundo indicações deixadas por seu secretário, teria composto o seu tratado a partir da insistência do bispo Galeazzo Florimonte (1478-1567) para que o fizesse. O bispo foi teólogo, comentarista de Aristóteles e chegou a ser um dos quatro juízes do Concílio de Trento.

2. A forma pouco comum no português tenta dar conta da locução conjuntiva *conciossiacosaché* (proveniente, por sua vez, da fórmula latina *cum it sit causa quae*), igualmente pouco comum no italiano, e utilizada por Della Casa logo ao início de seu tratado. A locução é mesmo muitas vezes criticada como pedante e artificiosa, como escreve Alfieri, lembrando-se de suas primeiras tentativas de leitura do *Galateo*: "E à vista daquele primeiro *conciossiacosaché*, ao qual se segue aquele longo período tão pomposo e com tão pouca substância, tomou-me um tal ímpeto de cólera que, lançando o livro pela janela, gritei quase louco(...)". Para dar um exemplo mais recente, pode-se lembrar da introdução de Giorgio Manganelli à edição da Rizzoli, de 1977, em que salienta o "fragor" da conjunção, recrudescido no conjunto do período, todo ele entrecortado e de difícil leitura.

3. O texto do *Galateo*, como se nota imediatamente aqui, designa um interlocutor explícito ao qual se dirige. As hipóteses mais correntes da crítica, baseadas sobretudo nas afirmações de seu secretário, dão conta de que

onde, como alguém que os experimentou, temo que, caminhando por eles, pudesses facilmente cair ou errar, a fim de que, instruído por mim, possas manter o reto caminho com cuidado de tua alma e com louvor e honra de tua honorável e nobre família. E porque tua tenra idade não seria suficiente para receber instruções mais importantes e mais sutis, reservando-as para um tempo mais conveniente, começarei por aquilo que porventura poderia parecer frívolo a muitos, isto é, aquilo que estimo ser conveniente para ser educado, agradável e de boas maneiras ao comunicar e tratar com toda gente; o que é virtude ou coisa muito semelhante à virtude. E embora ser liberal, constante ou magnânimo seja por si, sem dúvida alguma, coisa maior e mais louvável do que ser gentil e educado, talvez a docilidade dos costumes e a conveniência dos modos, das maneiras e das palavras não tragam menos vantagem aos que as possuem do que a grandeza de ânimo e a confiança em si aos que possuem a estas. Isto porque convém que aquelas sejam exercitadas todos os dias muitas vezes, sendo necessário a cada um tratar com os outros homens todos os dias e todos os dias conversar com eles; mas a justiça, a fortaleza e outras virtudes mais nobres e maiores são colocadas em ação mais raramente; tampouco o generoso e magnânimo é obrigado a agir toda hora magnificamente, ao contrário, não há quem possa fazer isso de

....
esse "tu" identificaria Annibale Rucellai, filho de sua irmã Dianora com Luigi, da importante família florentina dos Rucellai. Reforça a hipótese o fato de que, a partir de 1541, Della Casa se encarrega da educação do sobrinho.

um modo muito freqüente; e, igualmente, os homens impetuosos e confiantes raras vezes são obrigados a demonstrar seu valor e virtude com obras. Portanto, quanto estes por grandeza e quase por peso vencem aqueles, tanto aqueles, em número e em freqüência, ultrapassam estes. Eu poderia, se fosse adequado fazê-lo, nomear muitos que, sendo por um lado de pouca estima, foram e são bastante prezados em razão apenas de seu modo agradável e gracioso, pelo qual, ajudados e favorecidos, atingiram altíssimas posições, deixando muito atrás os que eram dotados daquelas virtudes mais nobres e mais ilustres de que falei. E se os modos agradáveis e gentis têm força para provocar a benevolência daqueles com os quais convivemos, os modos boçais e rudes, ao contrário, incitam os outros a nos odiar e desprezar. Por isso, conquanto nenhuma pena tenham ordenado as leis para os costumes desagradáveis e rudes, como pecado que lhes parecesse leve, não sendo, de fato, grave, vemos não obstante que a própria natureza nos castiga com severa punição, privando-nos por essa razão da companhia e da benevolência dos homens. Certamente, se os pecados graves prejudicam mais, os leves aborrecem mais, ou aborrecem ao menos com maior freqüência; e assim como os homens temem as feras selvagens e não têm nenhum temor de pequeninos animais, como os mosquitos e as moscas, e, no entanto, queixam-se com mais freqüência destes do que daqueles, pelo contínuo aborrecimento que provocam, assim ocorre que a maioria das pessoas odeie tanto ou mais os homens desagradáveis e aborrecidos do que os maldosos. Por isso, ninguém pode duvidar que, a qualquer um que se disponha a viver não na solidão ou nos ermitérios, mas nas cidades e entre os homens, não seja utilíssima coisa saber se conduzir, nos costumes e nas maneiras, de modo gracioso e agradável. Sem dizer que as outras virtudes hão mister de mais ornamentos, os quais faltando nada ou pouco obram, enquanto essa virtude, sem outro patrimônio, é rica e potente, justamente por consistir apenas em palavras e atos.

[II] A fim de que aprendas a fazer isso mais facilmente, deves saber que convém temperar e ordenar os teus modos, não segundo o teu arbítrio, mas segundo o prazer daqueles com quem tratas, e a ele dirigi-los. Isto requer ser feito moderadamente, pois quem por demais se deleita em secundar o prazer alheio na conversação e no trato parece antes bufão, bobo, ou porventura adulador, do que gentil-homem educado; assim como, ao contrário, quem não se preocupa com o prazer ou o desprazer alheio, é grosseiro, mal educado e deselegante. Portanto, desde que nossas maneiras sejam deleitáveis ao cuidarmos do deleite alheio e não do nosso, se investigarmos quais as coisas que geralmente deleitam a maioria dos homens e quais as que os aborrecem, poderemos facilmente encontrar os modos a serem evitados ou eleitos no seu convívio.

Digamos portanto que qualquer ato que aborreça algum dos sentidos, sendo assim contrário ao apetite, e além disso represente à imaginação coisas por ela pouco aceitas e igualmente repudiadas pelo intelecto, desagrada e não deve ser feito.

[III] Por isso não somente não se deve fazer na presença dos homens coisas sujas, fétidas, nojentas ou repugnantes, como também nomeá-las é inconveniente; e não apenas fazê-las e recordá-las desagrada, mas ainda repô-las na imaginação alheia com algum ato costuma aborrecer muito as pessoas. E por isso é vergonhoso o costume que têm alguns de abertamente colocarem as mãos em qualquer parte do corpo quando o queiram. E igualmente não convém ao gentil-homem educado preparar-se para as necessidades naturais diante dos homens; nem, terminadas aquelas, vestir-se novamente na presença deles. Nem ainda, ao meu parecer, retornando delas, lavar as mãos diante de honesta companhia, uma vez que a razão pela qual ele as lava represente na imaginação alheia alguma imundície. Pela mesma razão, não é costume conveniente, quando alguém depara (como ocorre às vezes) com algo repugnante, voltar-se para os companheiros e mostrá-lo; e muito menos oferecer aos outros para cheirar alguma coisa fétida, como alguns costumam fazer com grandíssima insistência, aproximando-a do nariz e dizendo: – Ah! Sintam, por favor, como isto fede! –; antes deveriam dizer: – Não cheirem isto porque fede. – Como esses, semelhantes modos aborrecem os sentidos aos quais concernem; assim, ranger os dentes, assobiar, friccionar e esfregar pedras ásperas e atritar ferro desagrada aos ouvidos, devendo o homem abster-se disso o mais que possa. E não somente isso. Deve o homem guardar-se de cantar, especialmente solos, se tem a voz destoante e desarmônica; coisa de que poucos cuidam, parecendo, ao contrário, que quem menos é naturalmente apto, com mais freqüência o faça. Há também aqueles que tossindo e espirrando fazem tal barulho que ensurdecem os outros, e ainda os que em semelhantes atos, usando de pouca discrição, respingam o rosto dos circunstantes. Encontram-se também aqueles que ao bocejar urram ou zurram como asno. Esses, com a boca ainda aberta, querem falar e prosseguir seu raciocínio deitando fora aquela voz, ou antes, aquele rumor feito pelo mudo quando se esforça para falar; essas vergonhosas maneiras devem ser evitadas por aborrecidas de se ouvir e ver. Deve o homem educado abster-se de muito bocejar, não só pelo que foi dito anteriormente, mas também por parecer advir de um certo aborrecimento e do tédio; pois quem boceja com muita freqüência manifesta que desejaria estar antes em outra parte do que ali, e que a companhia em que se encontra possui modos e conversas que o aborrecem. Certamente, embora o homem esteja na maior parte do tempo pronto para bocejar, não obstante, se é surpreendido por algum deleite ou algum pensamento, não lhe ocorre fazê-lo, recordando-se disso facilmente quando ocioso e indolente. Por isso, quando alguém boceja onde estão pessoas ociosas e sem pensamentos, todos esses, como podes ter visto muitas vezes, bocejam incontinenti, pois alguém lhes trouxe à memória aquilo que teriam feito antes, se lhes tivesse sido recordado. E muitas vezes ouvi de sábios letrados que em latim tanto faz dizer bocejador quanto preguiçoso e desleixado[4]. Requer-se pois fugir desse costume desagradável, como disse, aos olhos, aos ouvidos e ao

....
4. Em latim, o adjetivo *oscitans* significa inativo, ocioso, negligente; o verbo *oscitatio*, por sua vez, refere a ação de bocejar; *oscitabundus* é o bocejador.

apetite, pois praticando-o não somente sinalizamos que a companhia com a qual estamos seja de pouco agrado, mas damos ainda algum indício ruim de nós mesmos, isto é, de ter o ânimo adormecido e sonolento, o que nos torna pouco amáveis àqueles com quem tratamos. Não se deve também, assoado aquilo que tu tiveres no nariz, abrir o lenço e guardá-lo dentro, como se pérolas ou rubis tivessem descido de teu cérebro, sendo modos e atos repugnantes, que não apenas não nos fazem amados, como também, se alguém nos amasse, se desenamoraria; assim como testemunha o espírito do *Labirinto*, quem quer que fosse, o qual, para apagar o amor em que o senhor Giovanni Boccaccio[5] ardia por aquela má senhora que conhecia, conta-lhe como ela ficava negligentemente ao redor do fogo, sentando-se sobre os calcanhares, e tossia e expelia catarro. Também é costume inconveniente alguém colocar o nariz no copo de vinho que outro há de beber, ou na comida que outro deve comer, para cheirá-los; antes, não gostaria que ele cheirasse o que ele próprio deve beber ou comer, pois do nariz podem cair aquelas coisas de que o homem tem nojo, ainda que então não caiam. Nem, ao meu parecer, oferecerás a alguém aquele copo de vinho no qual tenhas posto a boca e provado salvo se fosse um

....
5. Giovanni Boccaccio (1313-1375) é certamente a principal referência em prosa de todo o tratado; a obra citada na passagem é *Corbaccio* ou *Labirinto d'amore*, composta bem depois do *Decameron*, possivelmente entre 1365 e 1366. Nela, a personagem principal, dada aqui como se fora o próprio Boccaccio, fica sabendo das maldades e maus hábitos de uma viúva por quem se apaixonara, e que o repudiara, por meio do que lhe revela em sonhos o marido morto.

familiar teu. E muito menos se deve oferecer pêra ou outra fruta que tenhas mordido. E não te preocupes se as coisas ditas anteriormente te pareçam de pouca monta, pois também os golpes leves, se são muitos, costumam matar.

[IV] Soube que em Verona já houve um bispo, muito sábio pela erudição e pelo natural juízo, chamado senhor Giovanni Matteo Giberti[6], que entre outros louváveis costumes era muito cortês e liberal com os nobres gentis-homens que iam e vinham ter com ele, honrando-os em sua casa com magnificência não excessiva, mas moderada, como convém a um clérigo. Naquele tempo, passou por ali um nobre homem chamado conde Ricciardo, permaneceu vários dias com o bispo e seus familiares[7], compostos, em sua maioria, de homens educados e doutos; e porque lhes parecia gentilíssimo cavaleiro e de belíssimas maneiras muito o louvaram e apreciaram, salvo por um pequeno defeito que tinha em seus modos. O bispo, senhor de grande perspicácia, logo se apercebeu disso e, aconselhando-se com alguns de seus mais íntimos, determinou-se que o conde fosse avisado, mesmo temendo aborrecê-lo. Pelo que,

....
6. Giovanni Matteo Giberti (1495-1543) foi bispo de Verona e, antes disso, datário da Cúria de Clemente VII; empreendeu uma ampla reforma pastoral com vistas à elevação do nível do clero e foi igualmente importante protetor das letras e artes no período.

7. O termo, que existe com esta acepção no português antigo, pretende traduzir o italiano arcaico *famiglia*, que corresponde ao atual *famigli*, ou seja, o conjunto dos servos e da comitiva mais próxima de um alto dignatário ou senhorio, com seus secretários e outras figuras de maior ou menor relevo, que incluíam gente de instrução.

tendo já o conde se despedido e devendo partir na manhã seguinte, o bispo convocou um discreto familiar ordenando-lhe que, montado a cavalo com o conde e aparentando acompanhá-lo, andasse com ele parte do caminho e, quando lhe parecesse o momento, dissesse-lhe gentilmente aquilo que haviam combinado entre eles. Era o dito familiar homem já de idade avançada, muito douto e, acima de qualquer dúvida, agradável, eloqüente e de gracioso aspecto, tendo passado muitos dos seus dias nas cortes dos grandes senhores; chamava-se então, e talvez ainda hoje, senhor Galateo[8], a cujo pedido e conselho comecei a compor o presente tratado. Cavalgando com o conde, logo entabulou conversas agradáveis, passando de um a outro assunto, e quando lhe pareceu o momento de voltar a Verona, despedindo-se do conde com uma feição alegre, disse-lhe ternamente: – Senhor meu, o bispo meu senhor dá a Vossa Senhoria infinitas graças pela honra recebida quando vos dignastes a entrar e permanecer alguns dias em sua modesta casa; além disso, em reconhecimento a tanta cortesia tida para com ele, ordenou-me que vos fizesse um presente de sua parte, e afetuosamente manda rogar-vos que o aceiteis de bom grado; e o presente é este: sois o mais elegante e o mais educado gentil-

....
8. Cf. nota 1. Observe-se ainda que, nesta passagem, há um dado novo: o nome "Galateo" aparece explicitamente para designar a personagem do velho e douto "familiar", encarregado da delicada missão de ensinar civilidade e corrigir costumes inconvenientes ou viciosos. Por paronomásia, pois, "Galateo" designa este tipo de atividade própria do homem civil e educado. Cabe notar também que a *persona* do "velho rústico" afirma ter escrito o seu tratado graças ao incentivo desse familiar.

homem que o bispo jamais viu. Por isso, tendo ele atentamente observado vossas maneiras, examinando-as uma a uma, não encontrou nenhuma dentre elas que não fosse totalmente agradável e louvável, com exceção apenas de um ato destoante que fazeis com os lábios e a boca, mastigando à mesa com um estranho barulho muito desagradável de ouvir; isso vos encarece o bispo, rogando que vos esforceis para abster-se dele totalmente, e que tomeis como um estimado presente a sua amável repreensão e advertência, pois ele tem por certo que ninguém no mundo vos faria tal presente. O conde, que de seu defeito jamais havia se apercebido até então, corou um pouco ao ser repreendido; mas, como homem valoroso, retomou rapidamente a coragem e disse: – Dizei ao bispo que, se todos os presentes que se fazem fossem como o dele, os homens seriam muito mais ricos do que são; e por tanta cortesia e liberalidade comigo agradecei-lhe infinitamente, assegurando-lhe que, a partir de agora, sem dúvida, bem diligentemente me resguardarei de meu defeito; e que Deus vos acompanhe.

[V] Ora, o que pensamos que o bispo e sua nobre companhia[9] diriam àqueles que por vezes vemos, à ma-

----

9. No original italiano, *brigata*. É a forma mais freqüente com que se designa, no tratado, os grupos de elite social e intelectual cujo convívio prazeroso busca ao mesmo tempo regular e celebrar. Em geral, manteve-se, para traduzi-lo, o termo "companhia", que ressalta justamente o aspecto social e a convivência agradável de seus membros; algumas vezes, contudo, quando não pareceu adequado empregá-lo, optou-se pelo termo "grupo".

neira de porcos inteiramente entregues com o focinho na sopa, sem nunca levantar o rosto e nunca tirar os olhos e muito menos as mãos dos alimentos, com ambas as faces inchadas, como se soassem uma trompa ou assoprassem o fogo, não a comer mas a devorar? Os quais, lambuzando as mãos até quase o cotovelo, reduzem a tal situação o guardanapo que os trapos das latrinas são mais limpos? E com os mesmos guardanapos com muita freqüência também não se envergonham de enxugar o suor que, pela pressa e exagero no comer, goteja e cai da fronte e do rosto em torno ao pescoço, limpando ainda com eles o nariz, quando bem o querem. Realmente, os que assim fazem não mereceriam ser recebidos não só na puríssima casa daquele nobre bispo, mas deveriam ser expulsos de todo lugar em que houvesse homens educados. O homem educado deve portanto evitar lambuzar os dedos de modo que o guardanapo não fique emporcalhado, pois isso é repugnante de se ver. Também esfregá-los no pão que deve comer não parece um costume polido. Os dignos serviçais, que exercem o serviço da mesa, não devem em nenhuma condição coçar a cabeça ou outra parte diante de seu senhor quando ele está comendo, nem pôr as mãos em nenhuma daquelas partes do corpo que estão cobertas; nem dissimulá-las, como fazem alguns desleixados serviçais, mantendo-as sob os braços cruzados ou atrás das costas sob as roupas, mas sim mantê-las à vista e fora de qualquer suspeita, e tê-las com toda a diligência lavadas e limpas sem deixar nenhum sinal de imundície em qualquer parte. Os que carregam os pratos ou servem as taças, diligentemente se abstenham nesse momento de cuspir, de tossir e mais ainda de espirrar, pois em atos similares tanto vale, e desagrada aos senhores, a suspeita quanto a certeza. Por isso procurem os serviçais não dar razões de suspeita aos patrões, pois o que poderia advir aborrece tanto quanto se tivesse ocorrido. E se por acaso tiveres posto uma pêra para aquecer junto ao forno ou pães para assar sobre as brasas, não deves soprar dentro porque está muito cheio de cinzas, e se diz que "jamais o vento vai sem água"; antes, deves bater-lhe levemente com o prato ou com outro meio revirar-lhe as cinzas. Não ofereças teu lenço, ainda que esteja lavado, a ninguém, pois aquele a quem tu o ofereceres, não o sabe e poderá ter nojo. Ao conversar com alguém, não se deve ficar tão próximo que se lhe respire no rosto, pois muitos encontrarás que não gostam de sentir o hálito alheio, mesmo que nenhum mau cheiro venha daí. Esses modos e outros similares são desagradáveis, e requer-se recusá-los, pois podem molestar os sentidos daqueles com os quais tratamos, como disse acima. Mencionemos agora os modos que, sem aborrecer qualquer sentido, quando realizados, desagradam ao apetite[10] da maioria das pessoas.

[VI] Deves saber que aos homens naturalmente apetecem muitas e variadas coisas; pois alguns querem sa-

....
10. No italiano, *appetito*. Utilizado por Della Casa no interior de uma concepção das paixões de matriz basicamente aristotélica. Nesse sentido, são entendidas como disposições anímicas naturais, que podem ou não tornar-se viciosas, segundo a natureza dos hábitos que a pessoa venha a adquirir.

tisfazer a ira, alguns a gula, outros a lascívia, outros a avareza, e outros a outros apetites, mas ao comunicar-se entre eles, não parece que buscam nem possam buscar ou apreciar nenhuma das coisas ditas anteriormente, visto que elas não consistem nas maneiras ou modos e no falar das pessoas, mas em outra coisa. Apetecem-lhes portanto aquilo que lhes pode conceder esse ato de comunicarem entre si, o que parece ser benevolência, honra e diversão, ou alguma outra coisa semelhante a estas. Pois não se deve dizer nem fazer aquelas coisas pelas quais se mostraria pouco amar ou pouco prezar aqueles com os quais convivemos. Donde parece um costume pouco gentil o que muitos costumam ter, qual seja, o de dormir à vontade, quando a honesta companhia se assenta e discute. Visto que assim fazendo demonstram que pouco prezam, pouco se importam com ela e suas conversas; sem dizer que os que dormem, sobretudo quando estão incomodados, costumam, como lhes é próprio, no mais das vezes, fazer algum ato desagradável de se ouvir ou ver, e com muita freqüência acordam suados e babados. Pela mesma razão, levantar, enquanto os outros estão sentados e conversando, e passear pelo salão, parece aborrecido costume. Há ainda aqueles que muito se mexem e contorcem, espreguiçando-se e bocejando, revirando-se ora para um lado ora para outro, parecendo tomados por uma febre naquele momento, sinal evidente de que aquela companhia na qual estão lhes desagrada. Igualmente mal fazem aqueles que, de tempos em tempos, tiram uma carta do bolso e a lêem. Pior ainda faz aquele que, sacando uma pequena tesoura, põe-se a cortar as unhas, como se ignorasse a sua companhia e procurasse outra diversão para passar o tempo. Também não se deve ter certos modos que alguns usam, como cantarolar, tamborilar com os dedos ou balançar as pernas, pois, agindo assim, mostram que não se importam com os outros. Além disso, não se deve dar as costas a ninguém, nem levantar uma perna até que aquelas partes cobertas pelas vestimentas possam ser vistas, pois tais atos só são habitualmente feitos diante de pessoas pelas quais não se tem respeito. É bem verdade que se um senhor fizesse isso diante de algum de seus serviçais, ou ainda em presença de um amigo de menor condição que ele, mostraria não soberba mas amor e familiaridade. Deve o homem manter-se ereto sem encostar-se ou apoiar-se nos outros. Ao falar, não deve cutucar os outros com o cotovelo, como muitos costumam fazer a cada palavra, dizendo: – Não disse a verdade? Que pensais? E senhor Fulano? – continuando a cutucar insistentemente com o cotovelo.

[VII] Todos devem andar bem vestidos segundo a condição e a idade, pois fazendo de outro modo parecem desdenhar as pessoas. Por isso ofendiam-se os cidadãos de Pádua quando algum gentil-homem veneziano andava de saia em sua cidade, como se estivesse no campo. As vestimentas não somente devem ser de tecidos finos, mas deve o homem se esforçar por se aproximar o mais que possa do costume dos outros cidadãos e deixar-se tomar pelos usos, ainda que talvez menos cômodos ou menos elegantes do que os antigos porventura eram ou lhe pareciam ser. Se toda a tua cidade tiver tosado os cabelos, não deves manter a cabeleira, ou, onde os outros cidadãos estejam com a barba, cortá-la tu, pois isto é contradizer os outros, coisa que, isto é, contradizer o costume das pessoas, não se deve fazer senão em caso de necessidade, como diremos logo mais, pois esse, mais do que qualquer outro vício ruim, torna-nos odiosos à maioria das pessoas. Portanto, não hás de se opor aos costumes comuns em tais situações, mas segui-los moderadamente, para que não sejas tu apenas aquele que em tua região use um casaco longo até o calcanhar, enquanto todos os outros usam-no pouco abaixo da cintura. Assim como acontece a quem tem o rosto muito achatado, que não é outra coisa senão tê-lo contra o costume segundo o qual a natureza mais os faz, e que toda a gente se volta para olhá-lo, o mesmo ocorre àqueles que se vestem não segundo os usos da maioria, mas segundo o próprio apetite, com belas cabeleiras longas, com a barba raspada ou aparada, usando toucas ou certos barretes grandes à maneira alemã: todos se voltam para observá-los, juntando-se à sua volta, como àqueles que parecem estar resolvidos a vencer a luta contra toda a região onde vivem. As vestes devem ainda ser ajustadas e bem adaptadas à pessoa, pois aqueles que têm trajes ricos e nobres, mas que não lhes caem bem, não parecendo feitas para o corpo deles, dão sinal de uma das duas coisas: ou que não têm nenhuma preocupação em agradar ou desagradar aos outros, ou que não conhecem o que seja graça ou medida alguma. Esses portanto, com seus modos, geram suspeita no ânimo das pessoas com que tratam, que em pouca estima os têm, sendo por isso de má vontade recebidos na maior parte dos grupos e pouco queridos por eles.

[VIII] Há ainda alguns que provocam mais que suspeita, ou antes, dão provas de que não se possa permanecer com eles de modo algum, pois sempre são o empecilho, a vergonha e o incômodo de todo o grupo. Nunca estão prontos, nunca estão compostos, nem nunca a seu juízo satisfeitos; pelo contrário, quando se está para ir à mesa e estão postas as comidas e a água vertida nas mãos, pedem que lhes seja levado o necessário para escrever ou urinar; ou sem terem feito ginástica, dizem: – É cedo; bem podeis esperar um pouco: que pressa é essa esta manhã? – Atrapalhando toda a companhia, como aqueles que cuidam apenas de si mesmos e da própria comodidade sem ter no ânimo nenhuma consideração pelos outros. Além disso, desejam sempre estar em vantagem sobre os outros, deitar-se nos melhores leitos e nos mais belos quartos, sentar-se nos mais confortáveis e mais honrosos lugares, e antes de todos ser servidos e acomodados. A esses, coisa nenhuma agrada mais do que aquilo que imaginaram, torcendo a fuça a todas as outras, e parecendo-lhes ser um dever esperá-los para comer, cavalgar, jogar, divertir-se. Alguns são tão irascíveis, adversos de ânimo e estranhos que coisa nenhuma se pode fazer ao seu gosto; respondem sempre com má cara ao que quer que se lhes diga, nunca param de altercar e gritar com seus servos, e mantêm em contínua tribulação toda a companhia: – Bem cedo me chamaste esta manhã! Olhe bem para isto, como limpaste bem este sapato –; e ainda: –

Não foste comigo à igreja. Animal! Não sei o que me impede de te quebrar a cara –; Modos totalmente inconvenientes e desrespeitosos, dos quais se deve fugir como da morte, pois, mesmo que possuíssem o ânimo repleto de humildade e tivessem esses modos não por malícia mas por desleixo e mau costume, não obstante, por se mostrarem soberbos nos atos externos, conviria que fossem odiados pelas pessoas, visto que a soberba não é outra coisa que não estimar aos outros, e, como disse a princípio, a todos apetece ser estimado ainda que não o mereça. Houve, há pouco tempo, em Roma, um valoroso homem dotado de agudíssimo engenho e profundo saber, chamado senhor Ubaldino Bandinelli[11]. Este costumava dizer que cada vez que ia ou vinha do Palácio[12], não obstante os caminhos estivessem sempre repletos de nobres cortesãos, de prelados e senhores, e igualmente de homens pobres e de muita gente mediana e miúda, não lhe parecia encontrar qualquer pessoa que lhe fosse superior ou inferior; mas, sem dúvida, poucos podia ver que valessem o que ele valia, no que diz respeito à sua virtude, que era desmesuradamente grande. Todavia, os homens não devem se medir nessas questões com tanta precisão, devendo antes ser pesados com a balança do moleiro do que com a do ourives. E é conveniente estar pronto a aceitá-los

....
11. Ubaldino Bandinelli (1494-1551), bispo de Montefiascone e de Corneto, foi um importante erudito florentino, com quem Della Casa chegou inclusive a estudar durante um certo período de sua formação.

12. No original italiano, *palagio*, do atual *palazzo*. O termo, no contexto particular de seu emprego, designa particularmente o Vaticano, onde Bandinelli exercia atividades no período.

não pelo que realmente valem, mas, como se faz com as moedas, pelo valor corrente. Na presença de pessoas que desejaríamos agradar, não se há de fazer nada que mostre antes senhorio que companheirismo; ao contrário, requer-se que qualquer ato nosso tenha algum significado de reverência e de respeito pela companhia em que estamos. Por isso aquilo que não é censurável quando feito na ocasião devida, por respeito ao lugar e às pessoas pode ser reprovado, como injuriar os serviçais, gritar com eles (o que já mencionamos acima) e ainda mais bater-lhes, uma vez que fazer isso é usar de império e exercitar a jurisdição de patrão[13], e ninguém costuma fazer diante daqueles que respeita, sem que com isso se escandalize a companhia e se atrapalhe a conversação, sobretudo se alguém o fizer à mesa, que é lugar de alegria e não de escândalo. Assim como cortesmente fez Currado Gianfiliazzi ao não prolongar uma discussão com Chichibio[14] para não perturbar seus hóspedes, ainda que este tivesse merecido um pesado cas-

....
13. Os termos utilizados por Della Casa, na passagem, são jurídicos e pretendem mencionar um verdadeiro e legítimo direito; a inconveniência que aponta estaria apenas no seu exercício naquelas circunstâncias públicas específicas.

14. Referência ao *Decameron*, de Boccaccio. Escrito possivelmente entre 1349 e 1353, o texto estrutura-se em torno das novelas que dez jovens (sete mulheres e três homens) narram entre si, reunidos num sítio fora da cidade de Florença, durante os terríveis acontecimentos de 1348, quando a peste abatia-se duramente sobre ela. Ao todo, o livro abrange dez jornadas, cada uma delas determinada por um tema distinto e cabendo a cada personagem uma narrativa; as dez jornadas, portanto, reúnem dez conjuntos de dez novelas. Currado Gianfigliazzi e Chichibio são personagens da quarta novela narrada durante a sexta jornada.

tigo, ao ter preferido desagradar ao seu senhor que a Brunetta. E, se Currado tivesse feito ainda menos alarde do que fez, mais seria de se recomendar, pois não convinha invocar Deus, nosso Senhor, para ser-lhe o fiador de suas ameaças, assim como o fez. Mas, voltando ao nosso assunto, digo que não fica bem que alguém se encolerize à mesa aconteça o que acontecer; e encolerizando-se não deve demonstrá-lo, nem de seu tormento deve dar sinal, pela razão dita anteriormente, e sobretudo se tiveres estranhos a comer contigo, pois os chamaste à alegria e agora os entristeces; posto que, assim como os limões que se comem à tua vista amarram também em teus dentes, também ver o tormento alheio nos perturba.

[IX] São de ânimo adverso aqueles que querem tudo ao contrário dos outros, assim como o vocábulo demonstra[15]; e tanto vale dizer adverso quanto avesso. O quanto seja útil a animosidade para cativar as almas das pessoas e fazer-se benquisto, tu mesmo o podes julgar facilmente, pois ela consiste em opor-se ao prazer alheio, o que costuma fazer um inimigo ao outro, e não os ami-

---
15. O vocábulo italiano, no caso, é *ritrosi*, cujo singular é *ritroso*. Com efeito, pode-se dizer que ele é uma demonstração do que significa, uma vez que deriva do latim *retroversu(m)*, composto, por sua vez, de *retro* (no português, "atrás", "para trás") e *vorsus* (variante de *versus*, particípio de *vertere*, isto é, "voltado", "virado na direção de"). No português, para permanecer válida a fórmula, optou-se pelo termo "adverso", que mantém o sentido forte de "oposto", "contrário". A despeito de que o *adversus* latino signifique originariamente um "voltar-se para a frente", a escolha do termo se reforça como adequada pelo uso corrente no latim da expressão *in adversum*, isto é, "em sentido contrário".

gos entre si. Esforçam-se para repudiar este vício aqueles que buscam ser caros às pessoas, pois não gera prazer nem benevolência mas ódio e aborrecimento. Ao contrário, convém fazer do desejo do outro o próprio prazer, quando não se siga dano ou vergonha, e, nisto, sempre agir e falar antes pelo critério alheio do que pelo próprio. Não se deve ser nem rústico nem estranho, mas agradável e familiar, porque nenhuma diferença haveria da murta à gilbaldeira, se uma não fosse familiar e a outra selvagem. Sabe que são agradáveis os que no trato comum têm os mesmos modos que costumam ter os amigos entre si. Quem é estranho parece em todo lugar estrangeiro, o que equivale a dizer forasteiro, enquanto os familiares, aonde quer que possam ir, parecem, pelo contrário, ser conhecidos e amigos de todos. Por isso convém ter o hábito de saudar, falar e responder de modo suave e mostrar-se a todos quase como conterrâneo e conhecido, o que mal sabem fazer alguns que a ninguém jamais fazem uma cara boa, e de bom grado dizem não a cada coisa, não agradecendo honra ou gentileza que se lhes faça, ao modo de gente dita estrangeira e bárbara; não suportam ser visitados e acompanhados, não se alegram com ditos, nem gracejos, recusando tudo o que se propõe: – O senhor Fulano ordenou-me que vos saudasse por sua parte. – O que devo fazer com sua saudação? – E: – O senhor Sicrano perguntou-me de vós. – Pois então tomai-me o pulso. – Esses são portanto merecidamente pouco queridos pelas pessoas. Não é bom ser melancólico ou distraído onde estiveres; e ainda que isso talvez se deva suportar naqueles que por longo espaço de tempo habituaram-se com as especulações das artes chamadas, segundo o que ouvi dizer, liberais[16], nos outros, sem dúvida alguma, não se deve consentir; antes, esses mesmos, quando quisessem pensar, demonstrariam grande juízo ao fugir de toda gente.

[X] Ser suscetível e afetado também é bastante inadequado, sobretudo aos homens, pois o trato com tal espécie de pessoa não se assemelha a companhia mas a servidão. Há seguramente alguns que são tão suscetíveis e frágeis que viver e conviver com eles não é outra coisa que embaraçar-se entre muitos finíssimos cristais, tanto temem cada leve toque, e assim convém tratar e cuidar deles. Eles se lamentam (caso não sejas tão rápido e solícito a saudá-los, visitá-los, reverenciá-los e a responder-lhes), como se lhes tivesse sido feita uma injúria mortal; e se não lhes deres cada título precisamente, querelas ásperas e inimizades mortais nascem de pronto. – Vós me dissestes Vossa Mercê e não Senhoria. Por que não me dissestes Vossa Senhoria? Eu vos chamo assim –; e ainda: – Não recebi o lugar que

....
16. Aqui Della Casa retoma um lugar comum de longa tradição, que associa o temperamento melancólico às artes e à especulação intelectual; ele está presente, por exemplo, em Aristóteles (cf. *Probl.*, XXX, 1) e em Cícero (*Tusculanae disp.*, I, 33). No contexto neoplatônico florentino, a que alude mais de perto o *Galateo*, as referências mais importantes são Petrarca (1304-1374), certamente, e Marsilio Ficino (1433-1499). Em ambos, pode-se pensar que a melancolia está associada a uma espécie de dialética: traduz um desconforto em face do mundo e da existência ínfima do homem, e, ao mesmo tempo, por esse mesmo tipo de afeto, lança o seu espírito às alturas, em busca de um inteligível superior e divino. Della Casa, contudo, como bem se vê nessa passagem, comenta a velha tópica com distanciamento e ironia.

me compete à mesa –; e: – Ontem não vos dignastes a encontrar-me em casa, como fui encontrar-vos anteontem. Isso não são modos a se ter com um par. – Esses tipos realmente levam as pessoas a tal ponto que não há quem possa suportar vê-los, pois gostam desmesuradamente de si mesmos, e, ocupados com isso, pouco espaço sobra para poderem gostar dos outros, sem dizer que, como disse a princípio, as pessoas exigem que, na maneira daqueles com que tratam, haja o prazer que em tal ato pode existir; mas tratar com pessoas tão fastidiosas, cuja amizade muito facilmente se rompe ao modo de um finíssimo véu, não é convívio mas servidão, e por isso não apenas não deleita mas desagrada sumamente. Essa suscetibilidade, portanto, e esses modos afetados devem ser deixados às mulheres.

[XI] Na conversação peca-se de muitos e variados modos, e primeiramente na matéria proposta, que não deve ser frívola nem vil, pois os ouvintes não se interessam e, por isso, não se deleitam, ao contrário, escarnecem juntamente dos argumentos e dos próprios argumentadores. Não se deve também tomar um tema muito sutil nem demasiado requintado, pois dificilmente são entendidos pela maioria. Requer-se diligentemente guardar-se de fazer uma proposta tal que alguém da companhia ruborize-se ou sinta-se envergonhado. Nem de qualquer obscenidade deve-se falar, ainda que pareça uma coisa agradável de ouvir, pois às pessoas honestas não fica bem procurar agradar aos outros senão com coisas honestas. Nunca se deve dizer coisa alguma contra Deus, nem contra os santos, seja a sério, seja motejando, ainda que para os outros fosse bonito ou prazeroso. Pecado cometido com tamanha freqüência pela nobre companhia do senhor Giovanni Boccaccio em suas conversações, que ela merece ser asperamente reprovada por todo bom entendedor. Nota que falar de Deus por brincadeira não somente é defeito de homem celerado e ímpio, mas vício de pessoa mal educada e coisa desagradável de se ouvir. Muitos encontrarás que fugiram de onde se falava de Deus de modo torpe. E não somente de Deus convém falar santamente, mas em cada pensamento deve o homem repudiar o quanto puder palavras que testemunhem contra sua vida e obra, pois os homens odeiam também nos outros os vícios próprios. É igualmente inadequado falar de coisas muito contrárias ao tempo e às pessoas que nos ouvem, mesmo daquelas que, por si e ao seu tempo ditas, seriam boas e santas. Não se contem, pois, as prédicas de frade Nastagio[17] às moças quando têm vontade de escarnecer disso, como fazia aquele bom homem que viveu próximo de ti, vizinho a São Brancazio[18]. Nem à festa, nem à mesa contem-se histórias

....
17. O trecho diz respeito à quarta novela da terceira jornada do *Decameron*, em que o senhor Puccio, já com uma certa idade, está interessado mais em santidade do que em corresponder aos desejos eróticos de sua jovem e fogosa esposa; assim, à noite, para entretê-la ou desviá-la de seus propósitos sensuais, trata de contar-lhe os sermões do popular frade Nastagio, vale dizer, S. Anastácio.

18. Variante de S. Pancrazio, paróquia próxima ao lugar onde se passa a ação da novela mencionada na nota anterior. A alusão à vizinhança do interlocutor explícito do tratado (no original italiano, escreve-se: *nun lungi da te* – literalmente, "não longe de ti") tem reforçado as hipóteses tradicionais de sua identificação com Annibale Rucellai, seu sobrinho, cuja família residia ali. Cf. nota 3.

melancólicas, de chagas, doenças, morte ou pestilência, nem de outra matéria dolorosa se faça menção ou lembrança. Ao contrário, se alguém cair em tais rememorações, deve-se de modo apropriado e amável desviá-lo daquela matéria, colocando-lhe à mão assunto mais alegre e conveniente, mesmo que, segundo o que ouvi de um valoroso homem nosso vizinho, os homens tenham necessidade tanto de chorar quanto de rir; e, por isto, ele afirmava, existiram, ao princípio, as fábulas dolorosas chamadas tragédias, para que, contadas nos teatros como naquele tempo se costumava fazer, arrancassem lágrimas aos olhos daqueles que disso tinham necessidade, e, assim, chorando da própria enfermidade se curassem. Mas, seja como for, para nós não é bom contristar as almas das pessoas com as quais falamos, sobretudo onde se está por haver festa e diversão, e não para lastimar-se; pois se alguém está enfermo por falta de chorar, seria bastante fácil medicá-lo com mostarda forte ou colocando-o em algum lugar enfumaçado. Por isso de modo algum se pode desculpar o nosso Filóstrato pela proposta cheia de dor e morte[19] que fez ao grupo ao qual nada fazia falta, senão a alegria. Convém portanto fugir de falar de coisas melancólicas, e antes calar-se. Erram igualmente aqueles que só têm à boca os filhos, a mulher e a ama: – Meu filho ontem à tarde me fez rir muito. – Ouça; vistes filho mais doce que meu Momo?[20] – Minha mulher é assim... –

....
19. Filóstrato é uma das dez personagens-narradoras do *Decameron* e preside a quarta jornada; a sua proposta aos demais jovens é de que contem aos demais novelas de amor com final infeliz.
20. Em italiano, abreviatura popular de Geronimo. Optou-se por manter o mesmo nome em português uma vez que permanece evidente o tipo

A Chica disse... – Certamente não acreditaríeis no cérebro que ela tem. – Ninguém é tão desocupado para poder responder ou atentar a tais tolices, que aborrecem a todos.

[XII] Mal fazem ainda aqueles que, de vez em quando, põem-se a narrar os próprios sonhos com tanto enlevo, e fazendo deles tal maravilha, que provoca um desfalecimento do coração ouvi-los; sobretudo porque esses, na maioria, são tais que seria um trabalho perdido escutar qualquer uma de suas maiores proezas, mesmo as feitas quando acordados. Não se deve pois aborrecer os outros com tão insignificante matéria como são os sonhos, especialmente tolos, como as pessoas geralmente os têm. E ainda que ouça dizer com bastante freqüência que os antigos sábios deixaram em seus livros muitos e muitos sonhos escritos com alta inteligência e muita elegância, nem por isso convém a nós rústicos nem ao povo comum fazer o mesmo em suas considerações. Certamente, dos tantos sonhos que já ouvi referir, ainda que a poucos tenha suportado dar ouvidos, nenhum jamais me pareceu merecer que por ele se devesse romper o silêncio; exceto somente um tido pelo bom senhor Flaminio Tomarozzo[21], gentil-homem romano e de modo algum rústico ou grosseiro, mas eru-

....
banal de redução infantil e popularesca ironizada por Della Casa. Já o diminutivo "Chica", que aparece logo a seguir, traduz para o português *Cecchina*, diminutivo de *Francesca*.

21. Flamínio Tomarozzo é conhecido sobretudo como correspondente do poeta e humanista Pietro Bembo (1470-1547).

dito e de agudo engenho. Ao dormir, pareceu-lhe estar na casa de um riquíssimo boticário, seu vizinho, onde, em poucos instantes, por qualquer razão que fosse, levantou-se o povo em alarido, saqueando tudo, pegando aqui um eletuário, ali um preparado, aqui uma coisa, ali outra, engolindo-os de pronto; até que, em poucas horas, nem ampola, nem caldeirão, nem vaso, nem botija ali permanecia, senão vazios e secos. Havia um frasco muito pequeno, e cheio de um claríssimo licor, que muitos cheiraram, sem que houvesse um que quisesse prová-lo. Não demorou muito, viu chegar um homem de grande estatura, velho e de aspecto venerável, que, olhando as caixas e os vasilhames do pobre boticário, encontrando alguns vazios, outros virados, e a maior parte quebrada, avistou o frasco de que falei. Então levou-o à boca, bebendo imediatamente todo aquele licor, até que não ficasse sequer uma gota, saindo depois disso como os outros haviam feito, coisa que ao senhor Flaminio parecia grandemente de maravilhar-se. E voltando-se ao boticário, perguntou-lhe: – Mestre, quem é esse? E por qual razão bebeu tão saborosamente toda a água do frasco, que por todos os outros foi recusada? – Ao que parece que o boticário respondeu: – Meu filho, é Deus, nosso Senhor; e a água que apenas ele bebeu e mais ninguém, como vistes, repudiada e recusada, foi a discrição, que, como podes ter percebido, os homens não querem provar por nada no mundo. – Digo que tais tipos de sonhos bem poderiam ser contados, e com muito deleite e proveito escutados, pois mais se assemelham ao pensamento de uma mente bem desperta, que devíamos dizer, do que a uma visão de mente adormecida ou de virtude sensitiva[22]. Mas os outros sonhos sem forma e sem sentido, como parece ser a maior parte dos nossos (que os bons e eruditos são, também quando dormem, melhores e mais sábios que os maus e rústicos), devem ser esquecidos e dispensados juntamente com o sono.

[XIII] Conquanto não pareça ser possível encontrar nada mais vão do que os sonhos, há ainda algo mais leviano, como são as mentiras; pois daquilo que se viu no sonho ainda houve alguma sombra e quase um certo sentido, mas da mentira nem sombra restou, nem imagem alguma. Por isso requer-se menos ainda incomodar as orelhas e a mente de quem escuta com mentiras do que com sonhos, ainda que aquelas algumas vezes sejam aceitas como verdade; mas a longo prazo os mentirosos não somente perdem o crédito, mas nem sequer são escutados, assim como se suas palavras não tivessem nenhuma substância em si e, nem mais nem menos, em lugar de falar assoprassem. Sabe que encontrarás muitos que mentem sem nenhum fim prejudicial, não tirando proveito próprio nem causando dano ou vergonha aos outros, mas apenas porque a mentira por si agrada, como quem bebe não por sede mas por gula do vinho. Outros falam mentiras para se vangloriar, gabando-se e dizendo possuir maravilhas e ser muito sabidos. Pode-se ainda mentir calando, isto é, com atos e

---

22. Mais uma vez, tendo em vista o emprego aristotélico, a "virtude sensitiva" diz respeito ao princípio que preside as funções próprias dos sentidos.

obras; como podes ver que alguns fazem, que, sendo de condição mediana ou baixa, utilizam tanta solenidade em seus modos, empertigam-se, falam com tal arrogância ou antes parlamentam, procedem como tribunos e pavoneiam-se, a ponto de ser um sofrimento mortal vê-los. Encontram-se ainda alguns que, sem ser porém de posses mais abastados que outros, têm em torno ao pescoço tantos colares de ouro, e tantos anéis no dedo, tantas presilhas no cabelo e nas roupas, e broches daqui e dali, que seria inadequado mesmo ao senhor de Castiglione[23]. Suas maneiras são repletas de afetação e presunção, que vêm da soberba que procede da vaidade; de modo que desses deve-se fugir como de coisas desagradáveis e inconvenientes. Sabe que em muitas das melhores cidades há leis para impedir que o rico possa andar vestido de modo muito mais esplêndido que o pobre, pois aos pobres parece um ultraje quando alguém, ainda que apenas na aparência, demonstre alguma superioridade sobre ele. Assim, há que se guardar diligentemente para não cair nessas tolices. Não deve o homem gabar-se de sua nobreza, honra ou riqueza, e muito menos do juízo; nem de seus feitos ou proezas, ou de seu passado muito se engrandecer; nem por qualquer propósito enumerá-los como muitos costumam fazer. Pois, com isso, parece que deseja disputar com os circunstantes, se igualmente são ou presumem ser ho-

....
23. Forma italianizada do título de *Monsieur de Châtillon*, aristocrata francês que tinha fama de possuir enorme fortuna. A expressão utilizada por Della Casa reporta-se à empregada por Boccaccio na sexta jornada, novela décima, com o intuito de designar um tipo de ação luxuosa ou exuberante que ultrapassa todo parâmetro de propriedade ou conveniência.

mens nobres, abastados e valorosos, ou superá-los, se são de menor condição, praticamente reprovando-lhes a sua miséria e a insignificância, o que desagrada indiferentemente a todos. Portanto, não deve o homem aviltar-se nem de modo excessivo exaltar-se. Antes, deve subtrair alguma coisa de seus méritos do que arrogar-se um ponto a mais com palavras, pois mesmo o bem, quando exagerado, desagrada. E sabe que os que se aviltam com palavras desmesuradas, recusando as honras que manifestamente lhes pertencem, mostram com isso maior soberba do que os que usurpam essas coisas, os bens que não lhes são bem devidos. Por isso poder-se-ia porventura dizer que Giotto não merecesse os louvores, como alguns crêem, por ter-se recusado a ser chamado mestre[24], sendo ele não só mestre, mas, sem dúvida alguma, excelente mestre, de acordo com sua época. Ora, qualquer que seja a reprovação ou o louvor merecido, o certo é que quem repudia o que apraz aos outros, mostra que nisso tudo os reprova ou despreza; e desprezar a glória e a honra, tão estimadas pelos outros, é glorificar-se e honrar-se acima deles, uma vez que ninguém em sã consciência recusa coisas de valor, exceto aqueles que julgam ter as mais caras delas em abundância e riqueza. Por isso nem devemos nos vangloriar de nossos bens, nem fazer pouco deles, pois um é reprovar os defeitos alheios, e outro, escarnecer das suas virtudes. De si mesmo cada um deve calar-se o

---

24. Alusão ao que se narra na quinta novela da sexta jornada do *Decameron*, que tem como personagem Giotto (c. 1267-1337), considerado o principal artista de sua época.

quanto puder ou, se a ocasião nos força a dizer de nós alguma coisa, é agradável costume dizer a verdade modestamente, como te disse antes. Por isso, aqueles que se deleitam em agradar a toda gente devem abster-se o quanto puderem daquilo que muitos têm o costume de fazer, como os que se mostram muito temerosos de dar as suas opiniões sobre qualquer questão, que é uma agonia ouvi-los, sobretudo se são ouvidos por homens perspicazes e sábios: – Senhor, Vossa Senhoria me perdoe se não souber falar; direi como pessoa rude que sou, e grosseiramente segundo o meu pouco saber, e estou certo de que Vossa Senhoria fará pouco de mim; mas, para obedecer-lhe... – E tanto sofrem e tanto agonizam, que qualquer sutilíssima questão poderia ser definida com bem menos palavras e em tempo mais breve, pois eles jamais chegam ao fim. São igualmente tediosos e mentem com os atos nas conversações e no trato alguns que se mostram ínfimos e insignificantes; e, sendo-lhes manifestamente devido o primeiro posto e o mais alto, todavia se põem no último. É necessário um incomparável esforço para incitá-los a ir além, pois a cada momento recuam à maneira de um rocim que relincha. Com esses, a companhia tem às mãos árdua tarefa todas as vezes que se chega a alguma saída, pois por qualquer coisa do mundo não querem seguir avante, ou antes saem para o lado e vão para trás, e então com as mãos e os braços protegem-se e defendem-se, sendo necessário a cada dois passos travar batalha com eles, atrapalhando toda diversão e por vezes a empresa de que se trata.

[XIV] Por isso as cerimônias, que denominamos, como tu ouves, com vocábulo estrangeiro[25], por não termos o nosso, evidenciando que os nossos antepassados não as conheceram, de modo que não puderam dar-lhes nenhum nome, as cerimônias, digo, ao meu parecer, pouco se afastam das mentiras e dos sonhos pela sua vanidade: de modo que bem podemos juntá-las todas e acoplá-las em nosso tratado, pois nos surgiu a ocasião de falar alguma coisa sobre isso. Segundo o que um bom homem várias vezes me demonstrou, a solenidade dos clérigos em torno dos altares e nos ofícios divinos em relação a Deus e às coisas sagradas é chamada apropriadamente cerimônia. Mas, desde que os homens começaram, no princípio, a reverenciar-se uns aos outros com modos artificiosos fora das conveniências e a chamar-se entre si patrões e senhores, inclinando-se, torcendo-se e dobrando-se em sinal de reverência, descobrindo a cabeça, nomeando-se com títulos pomposos, beijando-se as mãos como se elas fossem, à maneira dos sacerdotes, sagradas, então houve alguém que, não tendo esse novo e tolo costume ainda nome, chamou-o cerimônia, creio eu por escárnio, assim como beber e folgar são chamados por zombaria de triunfos[26]. Costume que, sem dúvida alguma, não tem sua origem entre nós, sendo es-

....
25. O vocábulo empregado em italiano, no caso, é *cirimonie*, tomado diretamente do latim *caerimonia*, relativo primordialmente às formalidades do culto religioso; o sentido, contudo, aqui é bastante ampliado, recobrindo tanto formalidades observadas em ritos solenes, quanto atos de civilidade entre pessoas particulares.
26. A zombaria em questão explica-se pela ampliação do emprego do termo "triunfo", que originariamente se aplicava apenas às vitórias militares e às honras dela decorrentes, a toda situação banal de diversão.

trangeiro e bárbaro, e, há pouco tempo, de onde quer que seja, passado à Itália, que, mísera, rebaixada e aviltada por obras e efeitos, é somente engrandecida e honrada por palavras vãs e títulos supérfluos. Portanto têm as cerimônias, se desejarmos atentar para a intenção daqueles que as usam, uma vã significação de honra e reverência para com aqueles a quem são feitas, colocadas em semblantes e em palavras, em torno aos títulos e aos pronunciamentos; digo vã, visto que honramos à vista apenas aqueles pelos quais não temos nenhuma referência, às vezes tendo-lhes mesmo desprezo, e não obstante, para não nos afastarmos dos costumes alheios, dizemos a eles "Ilustríssimo Senhor Fulano" e "Excelentíssimo Senhor Sicrano", e igualmente prestamos votos, por vezes, de ser dedicados servidores a quem gostaríamos mais de desservir do que servir. Portanto as cerimônias seriam não apenas mentiras, como disse, mas também maldades e traições. Mas, porque essas palavras e esses títulos ditos acima perderam seu vigor e, como ocorre com o ferro, corrompeu-se a sua têmpera pelo contínuo uso que fazemos deles, não se deve ter aquela sutil consideração que se tem com outras palavras, nem com tal rigor entendê-los. E que isso seja verdadeiro, demonstra-o manifestamente aquilo que ocorre todos os dias a todos; pois, se encontramos alguém que jamais vimos e com o qual, por algum acidente, seja conveniente falar sem qualquer conhecimento de seus méritos, no mais das vezes, para não falar pouco, falamos demais e o chamamos de gentil-homem e senhor, ainda que seja sapateiro ou barbeiro, apenas esteja ele bem composto. E assim como antigamente os títulos eram habitualmente atribuídos por privilégio do papa ou do imperador (não podendo tais títulos ser silenciados sem ultraje e injúria do privilegiado, nem ao contrário atribuídos sem escárnio a quem não tinha tal privilégio), assim, hoje em dia, deve-se mais liberalmente usar os ditos títulos e as outras significações de honra a título semelhante, pois o costume, senhor demasiadamente poderoso, não privilegiou grandemente os homens de nosso tempo. Esse costume portanto, tão belo e vistoso por fora, é totalmente vão por dentro e consiste em semblantes sem efeito e em palavras sem significado; entretanto não nos é lícito mudá-lo, antes estamos obrigados a secundá-lo, pois ele não é pecado nosso mas do século; mas requer-se que isto se faça discretamente.

[XV] Há que se considerar que as cerimônias são feitas por utilidade, por vaidade ou por débito. E toda mentira que se diz por utilidade própria é fraude, pecado e coisa desonesta pois nunca se mente honestamente. Esse pecado cometem os aduladores que se disfarçam na forma de amigos que secundam nossas vontades, quaisquer que sejam, não porque desejamos, mas para que façamos seu bem, e não para nos agradar mas para nos enganar; e, conquanto tal vício seja porventura agradável para o costume, não obstante, por si mesmo, é abominável e nocivo, não sendo conveniente aos homens educados, pois não é lícito causar deleite prejudicando. E se as cerimônias são, como dizemos, mentiras e falsas lisonjas, quantas vezes as usemos com fim de ganho tantas vezes obramos como homens desleais e maldosos; de modo que, por tal razão, não se deve recorrer à cerimônia.

[XVI] Resta-me falar das que são feitas por débito e por vaidade. As primeiras, não fica bem de modo algum deixar de fazê-las, porque, se assim ocorre, não apenas é desagradável, mas causa injúria, e muitas vezes ocorreu de se sacar a espada por isso: um cidadão não ter honrado a outro como se devia honrar. As forças do costume são severíssimas, como disse, e requer-se tê-las por lei em semelhantes questões. Por isso, quem diz "Vós" a uma pessoa, por ela não ser de condição ínfima, não lhe faz nenhuma cortesia; antes, se dissesse "Tu", estaria usurpando o que é dela, e far-lhe-ia ultraje e injúria ao nomeá-la com uma palavra com a qual se costuma chamar a gente de baixa condição e os camponeses. Mesmo que outros povos e outros séculos tivessem nisto outros costumes, nós temos esses e não há lugar para discutir qual dos dois costumes seja melhor, sendo conveniente obedecer não ao bom mas ao moderno uso, assim como somos obedientes às leis, ainda que sejam menos que boas, até que a Comuna ou quem detinha o poder faça-as mudar. Donde é necessário que aceitemos diligentemente os atos e as palavras com as quais o uso e o costume moderno têm o hábito de receber, saudar e nomear, na terra onde vivemos, cada espécie de homens, e que os observemos ao comunicar com as pessoas. E ainda que o almirante[27], se-

---

27. A passagem a seguir alude a um episódio mencionado na sexta novela da quinta jornada do *Decameron*. Della Casa cita-o possivelmente de memória, que o trai, ou enfim comete-se aí algum engano: o almirante é Ruggero de Lauria, que comanda, contudo, as forças do rei Federico, da região da Suévia, e não Pedro de Aragão, rei citado por ele, que chegou a ocupar o trono da Sicília.

gundo o costume de seu tempo porventura admitia, falasse com o rei Pedro de Aragão tratando-o muitas vezes por "Tu", diremos aos nossos reis "Vossa Majestade" e "Vossa Serenidade" tanto ao falar quanto ao escrever; assim como ele observou os usos de seu século, também não devemos nós desobedecer aos do nosso. A estas chamo cerimônias devidas, já que não procedem livremente do nosso querer nem de nosso arbítrio, mas são impostas pelas leis, isto é, pelo uso comum. E nas coisas que nenhuma maldade têm em si, mas antes alguma aparência de cortesia, é necessário, ou melhor, convém obedecer aos costumes comuns e não discutir nem litigar contra eles. E conquanto beijar em sinal de reverência convenha corretamente apenas às relíquias dos santos corpos e outras coisas sacras, se a tua região tiver o hábito de dizer nas despedidas: – Senhor, beijo-vos a mão –; ou: – Sou vosso criado –; ou ainda: – Vosso escravo acorrentado –, não deves ser tu desdenhoso dos outros. Ao contrário, ao partir ou ao escrever, deves saudar e despedir-te não como manda a razão mas como quer o costume que tu faças, não como se queria ou se devia fazer, mas como se faz; e não dizer: – Ele é senhor do quê? – ou: – Por acaso se tornou meu pároco para que lhe deva assim beijar as mãos? –; pois se alguém tem o hábito de ser chamado "Senhor" pelos outros e de dizer igualmente "Senhor" aos outros, entende que tu o desprezas e que lhe dizes vilania, quando o chamas pelo próprio nome ou lhe dás o "Vossa Mercê", ou lhe dás o "Vós", por extravagância. Essas palavras de senhorio e de servilidade, e outras semelhantes a essas, como disse acima, perderam grande parte de seu amargor; e, tal como certas ervas na água, que são praticamente maceradas e abrandadas nas bocas dos homens, não devem ser abominadas, como alguns rústicos e grosseiros o fazem, os quais gostariam que se começasse do seguinte modo a carta que viessem a escrever a imperadores e a reis: "Se tu e teus filhos estiverem bem, então também estarei bem", afirmando que assim eram iniciadas as cartas dos latinos à Comuna de Roma. Quem andasse para trás com tais razões, faria retornar passo a passo o século a viver de bolotas[28]. É preciso observar também nessas cerimônias devidas algumas instruções, a fim de que ninguém pareça vão ou soberbo. Primeiramente, deve-se estar atento ao lugar em que se vive, pois nem todo costume é bom em todo lugar; e talvez os usados pelos napolitanos, em cuja cidade há uma grande quantidade de linhagens e barões de alta posição, não conviriam nem aos lucanos nem aos florentinos, na sua maioria mercadores e simples gentis-homens, não havendo entre eles nem príncipes, nem marqueses, nem quaisquer barões. De modo que as maneiras senhoriais e pomposas de Nápoles transportadas para Florença, tais como as roupas grandes colocadas em alguém pequeno, sobrariam e seriam supérfluas, nem mais nem menos como os modos dos florentinos seriam miseráveis e modestos à nobreza e talvez à própria natureza dos napolitanos. Tampouco, porque

....
28. Frutos que se produzem na azinheira e no carvalho e que são, em geral, utilizados para a ceva de animais. A referência irônica de Della Casa toma-os como signos de um tipo de alimentação arcaica e primitiva, apanhada em árvores simplesmente, e, portanto, anterior ainda ao estabelecimento de costumes que supõem uma ação racional e civil do homem.

os gentis-homens venezianos fazem-se cerimônias demasiadas uns aos outros por ocasião de seus ofícios e eleições ficaria bem que os magistrados de Rovigo ou os cidadãos de Asolo mantivessem a mesma solenidade reverenciando-se por coisa nenhuma; ainda que toda aquela região, se não me engano, seja um tanto excessiva com esse tipo de palavrório, por ociosidade ou talvez por tê-lo aprendido de sua senhora Veneza, pois cada um de bom grado segue os passos de seu senhor ainda que sem saber o porquê. Além disso, é necessário estar atento ao tempo, à idade, à condição daquele com quem usamos de cerimônias e também à nossa; com os desocupados cortá-las totalmente, ou ao menos abreviá-las o máximo que se possa, e antes acenar com elas do que manifestá-las, o que os cortesãos de Roma sabem fazer otimamente mas em alguns outros lugares as cerimônias são um grande empecilho aos negócios e muito tediosas: – Cobri-vos –; diz o juiz atarefado e sem tempo; e o outro, feitas as primeiras reverências, com grande esfregação de pés, responde vagarosamente, dizendo: – Meu senhor, estou bem assim –; então repete o juiz: – Cobri-vos –; e aquele, virando-se duas ou três vezes para os lados e inclinando-se até o chão, com grande seriedade responde: – Rogo a Vossa Senhoria deixar-me fazer o meu dever –; e tanto dura esta batalha e tanto tempo consome que o juiz, com pouco mais, teria podido desobrigar-se de todos os negócios naquela manhã. Portanto, ainda que seja dever dos inferiores honrar os juízes e outras pessoas de alguma condição, não obstante, quando o tempo não o tolera, torna-se ato aborrecido e deve-se evitá-lo ou modificá-lo. Nem as mesmas cerimônias que os idosos têm entre eles convêm aos jovens, segundo o seu ser; nem à gente miúda e mediana se adaptam aqueles que os grandes usam um com o outro. Nem os homens de grande virtude e excelência costumam fazer muitas delas, nem amar ou procurar que muitas se lhes sejam feitas, assim como aqueles que de má vontade empregam o pensamento em coisas vãs. Nem os artesãos e as pessoas de baixa condição devem cuidar de usar cerimônias muito solenes com os grandes homens e senhores, que o mais das vezes as repudiam, pois daqueles parece que buscam e esperam mais obediência do que honra. Por isso errava o servidor que exibe seu serviço ao patrão, pois leva-o à vergonha, parecendo que o servidor deseja colocar em dúvida a sua autoridade, como se a ele não coubesse impor e comandar. Essa espécie de cerimônia deve ser praticada com liberalidade; pois o que se faz por débito é recebido como pagamento e pouca gratidão se tem por aquele que o faz; mas quem vai um pouco além daquilo a que é obrigado, parece dar o que é seu, sendo então amado e considerado excelente. Vem-me à memória ter ouvido dizer que um solene homem grego, grande versejador, costumava dizer que quem sabe afagar as pessoas com pouco capital faz grande ganho. Farás portanto cerimônias como o alfaiate faz roupas: antes as corte bem largas que justas, mas não tanto que, devendo cortar uma calça, obtenha um saco ou um manto. E se recorreres a um pouco de conveniente generosidade com aqueles que são inferiores a ti, serás chamado cortês e, se fizeres o mesmo com os superiores, serás tido como educado e gentil; mas quem for excessivo e esbanjador, será reprovado como vão e leviano, e talvez pior lhe ocorra ainda, sendo tomado por mau e lisonjeador, e, como ouço dizer dos letrados, por adulador[29]. Esse vício os nossos antepassados chamaram, se não me engano, bajular, não havendo nenhum pecado mais abominável ou que pior fique a um gentil-homem. Essa é a terceira espécie de cerimônias que procede da nossa vontade e não do costume. Recordemos, portanto, que as cerimônias, como disse a princípio, não eram naturalmente necessárias. Ao contrário, podia-se passar perfeitamente bem sem elas, assim como nosso povo, até não muito tempo atrás, o fazia; mas as doenças dos outros adoeceram também a nós, dessa enfermidade e de muitas outras. Por isso obedecendo como o fazemos ao costume, todo o resto é supérfluo e uma certa mentira lícita; ou mesmo, doravante, não lícita mas vedada, e portanto desagradável e tediosa às almas nobres que não se alimentam de caprichos e aparências. E sabe que eu, não confiando em meu pouco saber, alongando este presente tratado quis o parecer dos mais valorosos homens do saber, e descobri que um rei, cujo nome era Édipo, tendo sido expulso de sua terra, foi para Atenas[30] junto ao rei Teseu em busca de refúgio (pois estava sendo perseguido por seus inimigos), e, diante

....
29. No italiano, *adulatore*, que é proveniente do latim *adulator*; a *persona* rústica do tratadista justifica conhecer o latinismo por tê-lo ouvido de eruditos. O mesmo procedimento repete-se em vários passos do *Galateo*, como reforço dessa fictícia "rusticidade" do narrador criado por Della Casa.

30. Trata-se do argumento de *Édipo em Colonos*, de Sófocles (c. 495 a.C.-406 a.C.), que apresenta um desfecho consolador para a tragédia do *Édipo rei*.

de Teseu, ouvindo falar uma de suas próprias filhas, que reconheceu pela voz, pois era cego, não cuidou de saudar Teseu, mas como pai pôs-se a afagar a moça; no que, reconhecendo o erro, quis desculpar-se com Teseu rogando-lhe que o perdoasse. O bom e sábio rei não o deixou falar, mas disse: – Tranqüiliza-te, Édipo, pois não honro minha vida com as palavras alheias, mas com as minhas obras. – Sentença que se deve ter à mente visto que muito agrada aos homens que outros os honrem, e, no entanto, quando percebem que estão sendo honrados enganosamente, são tomados de aborrecimento e, ademais, de despeito; pois as lisonjas ou adulações, como devo dizer, além de sua maldade e vício, têm ainda este defeito a mais: os lisonjeadores dão claro sinal de imaginar que aquele a quem afagam seja vão e arrogante e, além disso, tolo, grosseiro e simplório a ponto de ser facilmente seduzido e enganado. As cerimônias vãs, requintadas e excessivas, são adulações pouco ocultadas, ou antes, manifestas e conhecidas por todos, de modo que aqueles que as fazem com o fim de ganho, além do que disse acima de sua maldade, são também desagradáveis e aborrecidos.

[XVII] Há uma outra espécie de pessoas cerimoniosas, que fazem disso arte e comércio, tendo a respeito um cálculo preciso; para certas pessoas um sorriso, para outras um riso; o mais nobre sentará na cadeira, o menos no banquinho. Creio que essas cerimônias tenham sido trazidas da Espanha para a Itália, mas nossa terra as recebeu mal e poucas se enraizaram aqui, visto que essa distinção de nobreza tão marcada é aborrecida para nós e porque ninguém deve se fazer juiz a decidir quem é mais ou menos nobre. Cerimônias e afagos não devem ser vendidos ao modo das meretrizes, assim como vi muitos senhores fazerem nas próprias cortes, esforçando-se por consigná-los aos desventurados servidores como salário. Seguramente, os que se deleitam com cerimônias muito fora do conveniente fazem-no por leviandade e vaidade como homens de pouco valor e, porque esse falatório é fácil de aprender e possui até alguma bela aparência, eles o adotam com grande empenho. Mas as coisas graves não são capazes de aprender, como que débeis para tanto peso. Eles desejariam que a conversação se consumisse totalmente nisso, como aqueles que não sabem ir adiante e que, sob aquela pequena casca de verniz, nenhuma substância têm, sendo, quando tocados, vazios e murchos; por isso gostariam que o trato com as pessoas não fosse além daquele da primeira vista. Desses encontrarás grandíssimo número. Alguns outros há que excedem nas palavras e nos atos corteses para suprir o defeito de sua inépcia e da sua natureza grosseira e limitada, compreendendo que, se fossem tão escassos e selvagens com as palavras como são com as obras, os homens não poderiam suportá-los. E na verdade verás que por uma dessas duas razões, e não por outra, a maioria se excede em cerimônias supérfluas, no que geralmente aborrecem a maioria dos homens pois impede-lhes de viver segundo seu próprio juízo, isto é, em liberdade, o que cada um aprecia acima de tudo.

[XVIII] Não se deve falar mal dos outros nem das coisas dos outros, mesmo que seja evidente que a isso se prestem as orelhas de bom grado, devido à inveja que, no mais das vezes, temos do bem e da honra uns dos outros; mas, ao fim, todos fogem do boi que dá chifradas, e as pessoas repudiam a amizade dos maledicentes, argumentando que o que dizem de outros a nós, também dizem de nós aos outros. Alguns, que a cada palavra se opõem, questionam e contrariam, mostram que pouco conhecem a natureza dos homens, pois todos amam a vitória e odeiam ser vencidos, não só no falar quanto no obrar; sem dizer que pôr-se contrariamente aos outros é ato de inimizade e não de amizade. Por isso, quem gosta de ser amável e terno no conversar não deve dizer de pronto: – Não foi assim –; e: – Ao contrário, é como vos digo –; nem fazer apostas. Ao contrário, deve se esforçar por ser condescendente com as opiniões dos outros em coisas de pouca relevância, pois a vitória em tais casos transforma-se em dano, uma vez que vencendo em questões frívolas perde-se freqüentemente o amigo querido, tornando-se ainda insuportável às pessoas, até que não ousem tratar conosco para não estar sempre em disputa, e passem a nos chamar pelo apelido de senhor Belicoso, ou Do Contra, ou Sabetudo ou ainda doutor Sutil. E, se algumas vezes ocorre que se estabeleça uma disputa por proposta do grupo, requer-se fazê-lo de modo delicado, e não ser tão ávido pela doçura da vitória a ponto de engoli-la. É conveniente deixar a cada um a própria parte, e, tendo ou não razão, deve-se consentir no parecer da maioria, ou dos mais importunos, e dar-lhes o campo, de modo que outro e não tu seja aquele que se debata, sue e ofegue. Pois são modos vergonhosos e inconvenientes aos homens educados, que angariam ódio e malefício. Além disso, são desagradáveis pela inconveniência, que por si mesma é aborrecida aos ânimos bem compostos, assim como porventura mencionaremos em seguida. Mas as pessoas, na sua maioria, enamoram-se tanto de si mesmas que renunciam a agradar aos outros e, para se mostrar sutis, perspicazes e sábias, aconselham, censuram, disputam e teimam de espada em punho, e com nenhum parecer concordam, senão com o próprio. Dar um conselho não pedido não é outra coisa do que pretender-se mais sábio do que aquele que tu aconselhas, ou antes, reprovar-lhe o seu pouco saber e a ignorância. Pelo que, não se deve fazer isso com qualquer simples conhecido, mas somente com os amigos mais próximos e com as pessoas cujo governo e regimento pertence a nós, ou realmente quando um grande perigo ameace alguém, ainda que estranho a nós. Mas, no trato comum, deve o homem abster-se de tanto dar conselhos e de tanto querer compensar as necessidades alheias; erro em que muitos caem, e mais freqüentemente os que menos as entendem. Isto porque poucas coisas passam pela mente de homens de massa grosseira, de modo que não sofrem muito com deliberações, como aqueles que têm em mãos poucas posições para examinar; mas, seja como for, quem segue proferindo e espalhando seu conselho mostra ter opinião de que o juízo a ele sobra e aos outros falta. E há alguns que, convictamente, tanto admiram a própria sabedoria que não seguir os seus conselhos é como querer brigar com eles; e dizem: – Tudo bem, conselho de pobre nunca é aceito –; e: – Se fulano quer fazer do modo dele –; e: – Fulano não me escuta –; como se pedir que outros obedeçam a teu conselho não fosse maior arrogância do que querer seguir o seu próprio. Semelhante pecado cometem aqueles que se empenham em corrigir os defeitos dos homens, a repreendê-los, a querer dar um parecer definitivo sobretudo e ditar lei a todos: – Tal coisa não se deve fazer –; – Vós dissestes tal palavra –; – Evitai fazer assim e dizer assim –; – O vinho que bebeis não faz bem, o melhor é o tinto –; – Deveríeis usar tal eletuário e tais pílulas –; nunca acabando de repreender ou de corrigir. Deixemos estar que, enquanto se cansam limpando o campo alheio, o próprio está coberto de espinheiros e urtigas; mas é demasiado cansativo ouvi-los. E, assim como poucos ou ninguém se animará em passar sua vida com o médico, ou com o confessor, e muito menos com o juiz criminal, não se encontra quem se arrisque a ter familiaridade com eles, pois todos amam a liberdade da qual eles nos privam, parecendo-nos ser como mestres. Por isso, não é costume deleitável ser tão desejoso de corrigir e ensinar os outros; deve-se deixar que isso seja feito pelos mestres e pelos pais, dos quais por isso mesmo os filhos e os discípulos se afastam com tanta boa vontade quanto o sabes.

[XIX] Não se deve jamais escarnecer de alguém ainda que inimigo, pois quem escarnece parece dar maior sinal de desprezo do que quem injuria. E uma vez que as injúrias são feitas por raiva ou por alguma cupidez, ninguém deve ficar irado com algo ou por algo que julgue sem valor, ou desejar aquilo que despreza totalmente; de modo que pelo injuriado tem-se alguma estima, e pelo escarnecido nenhuma ou pouquíssima. É o escárnio um deleitar-se com a vergonha a que levamos alguém, sem proveito algum para nós. Por isso requer-se no trato abster-se de escarnecer de alguém; no que fazem mal os que reprovam os defeitos de alguém àqueles que os têm, seja com palavras, como fez o senhor Forese da Rabatta ao rir das feições do mestre Giotto[31], seja com atos, como muitos têm o hábito, imitando os gagos, coxos, ou algum corcunda. Igualmente quem ri de alguém defeituoso, malformado, franzino ou pequenino; ou festeje e dê sonoras gargalhadas da tolice que alguém fale; e quem se deleita em fazer com que os outros enrubesçam; todos esses têm modos detestáveis, merecidamente odiados. E a esses são muito semelhantes os zombeteiros, isto é, aqueles que se deleitam em zombar e debochar de todos, não por inveja nem por desprezo, mas para fazer graça. Sabe que nenhuma diferença há entre escarnecer e zombar, a não ser de proposta e intenção, uma vez que a zombaria é feita por divertimento e os escárnios para prejudicar, ainda que na conversação comum e ao escrever tome-se com bastante freqüência um vocábulo pelo outro. Porém, quem escarnece sente satisfação pela vergonha alheia e quem zomba obtém do erro do outro não satisfação, mas divertimento, sendo que da vergonha do mesmo teria porventura desgosto e dor. Ainda que na minha meninice pouco tenha avançado na gramática, agrada-me recor-

....
31. Cf. nota 23; trata-se aqui de uma nova menção à quinta novela da sexta jornada do *Decameron*, a propósito do célebre pintor Giotto.

dar que Micio, apesar de amar tanto Aeschinus[32] a ponto de ele próprio maravilhar-se com isso, por vezes divertia-se em zombar dele, como quando disse consigo mesmo: "Irei pregar-lhe uma peça." Assim uma mesma coisa feita à mesma pessoa, segundo a intenção de quem a faça, poderá ser zombaria ou escárnio; e como nossa proposição pode ser pouco evidente a alguém, não é coisa útil no trato praticar uma arte tão duvidosa e suspeita, e antes requer-se evitar que procurar ser tido como zombeteiro; pois muitas vezes pode ocorrer que, como no brincar ou zombar, um bata por brincadeira e o outro receba o golpe como vilania, e da brincadeira se faça uma batalha, pois aquele que é zombado por diversão e por familiaridade chega por vezes a se envergonhar, a se sentir desonrado e desdenhado; sem dizer que a zombaria é engano, e a qualquer um naturalmente dói errar e ser enganado. De modo que, por muitas razões, parece que quem procura ser benquisto e amado não deve fazer-se mestre das zombarias. É verdade que não podemos de modo algum levar esta cansativa vida mortal totalmente sem diversão ou repouso; e, como as zombarias são razão de festa e riso e, por conseguinte, de recreação, gostamos daqueles que são alegres, zombeteiros e divertidos. Razão pela qual parece que também se possa dizer o contrário, isto é, que no trato, às vezes, convenha zombar e igualmente motejar. Sem dúvida, aqueles que sabem zombar de modo amigável e gentil são mais amáveis que os que não

....
32. Micio, descrito como homem já de idade, e Aeschinus, ainda adolescente, são personagens do *Adelphoe*, do comediante latino Terêncio (c. 190 a.C.-159 a.C.).

sabem nem podem fazê-lo. Mas é mister resguardar-se nisso de muitas coisas, e, posto que a intenção do zombeteiro seja divertir-se com o erro de quem tenha alguma estima, é necessário que o erro em que é levado a cair seja tal que nenhuma vergonha notável, ou nenhum grave dano se lhe siga; de outro modo mal se poderia distinguir as zombarias das injúrias. Há ainda aquelas pessoas, das quais, por sua aspereza, em nenhuma ocasião se deve motejar, assim como Biondello ficou sabendo a respeito do senhor Filippo Argenti na galeria dos Caviccioli[33]. Da mesma forma, não se deve motejar de coisas graves, e menos ainda de ações infamantes, pois parece que o homem, segundo o provérbio do povo comum, esconde a maldade no escárnio, ainda que à senhora Filippa da Prato[34] muito servissem as agradáveis respostas dadas por ela a propósito de sua desonestidade. Por isso, não creio que Lupo degli Uberti[35] tenha aliviado sua vergonha, antes agravou-a, ao se desculpar por motejos da maldade e da vilania por ele demonstradas, pois, podendo resistir no castelo de Laterina, vendo-se ser cercado e encerrado, entregou-se dizendo que não era costume de lobos[36] ficar

....
33. Trata-se de personagens e lugar presentes na nona jornada, oitava novela, do *Decameron*.
34. Personagem do *Decameron*, sexta jornada, sétima novela.
35. Em 1288, o gibelino Lupo degli Uberti, partidário pois do Imperador, foi cercado, no castelo de Laterina, próximo de Arezzo, pelas forças dos guelfos, adeptos da articulação de Florença com o Papado.
36. No italiano, o plural "lobos" é *lupi*. A *agudeza* de Lupo degli Uberti está pois em *equivocar*, isto é, estabelecer uma relação de duplo sentido entre o seu nome e a natureza dos animais homônimos. Para Della Casa, contudo, como se vê, as circunstâncias graves tornam imprópria a pilhéria.

presos. Porque, onde não há lugar para rir, não convém motejar e gracejar.

[XX] Além do mais, deves saber que há alguns motejos que mordem e alguns que não mordem; dos primeiros creio que te baste o sábio ensinamento de Lauretta[37]: os motejos devem morder o ouvinte assim como a ovelha morde, e não como o cão; porque, se mordesse como o cão, o motejo não seria motejo mas vilania; e as leis em quase todas as cidades requerem que aquele que diga alguma vilania grave a alguém seja seriamente punido, e talvez convenha ordenar igualmente uma punição não pequena a quem mordesse por meio dos motejos além do modo conveniente; mas os homens educados devem supor que a lei que dispõe sobre as vilanias se estenda também aos motejos, e apenas rara e levemente pungir alguém. Além de tudo isso, deves saber que o motejo, quer morda ou não morda, se não for elegante e sutil aos ouvintes, estes não terão nenhum deleite, e antes, ficarão entediados, ou se então, rirem, não será do motejo mas do motejador. E dado que os motejos não passam de enganos, e o engano, como algo sutil e artificioso, não pode ser feito senão por homens de aguda e pronta perspicácia, particularmente inesperada, eles não convêm às pessoas rudes e de intelecto grosseiro, nem também a alguém cujo engenho seja abundante e bom, assim como porventura não convieram grande coisa ao senhor Giovanni Boccaccio.

....
37. Na oitava jornada do *Decameron*, presidida por Lauretta, o que se propõe como tema para as várias novelas do dia são os enganos e burlas que se fazem entre homens e mulheres.

Mas os motejos são uma forma especial de prontidão e elegância, e um rápido movimento do espírito. Por isso, os homens discretos não cuidam disso por vontade mas por inclinação; e, uma vez provado que esforçam em vão o seu engenho uma e duas vezes, sabendo-se nisso pouco hábeis, deixam de querer empenhar-se em tal exercício, a fim de que não ocorra aquilo que ocorreu ao cavaleiro da senhora Horretta[38]. E se prestasses atenção nas maneiras de muitos, saberias facilmente que o que te digo é verdade, isto é, que o motejar não é para quem quer, mas somente para quem pode. E verás alguns que, a cada palavra, têm preparado um, ou antes, muitos daqueles vocábulos a que chamamos trocadilhos, sem nenhum sentido; e outros verás a trocar as sílabas nos vocábulos por modos frívolos e tolos; e outros ainda a dizer ou a responder diferentemente do que se esperava, sem nenhuma sutileza ou graça: – Onde está o senhor? – Onde ele tem os pés –; e: – Ele engraxou as mãos com óleo de São João Bocadouro[39] –; e: – Onde ele me manda? – Ao

....

38. Personagem da primeira novela da sexta jornada do *Decameron*. Nela, um cavaleiro propõe à Senhora Horreta levá-la a seu destino a cavalo e promete tornar o trajeto agradável contando-lhe uma bela novela; contudo, conta-a tão mal que Horretta, exasperada, prefere seguir a pé.

39. S. João Bocadoro é uma versão popular florentina de S. João Batista, cuja imagem estava cunhada numa moeda de ouro. A suposta graça da expressão "engraxar as mãos com óleo de S. João Bocadoro" (que pretende traduzir o italiano *ugner le mani con la grascia di san Giovan Boccadoro*), mencionada em função do uso que dela faz Boccaccio na sexta novela da primeira jornada do *Decameron*, está em que a cloqüência persuasiva do Batista transfere-se venalmente para a da sua moeda. Assim, o seu significado mais direto diz respeito ao ato de subornar ou corromper alguém com dinheiro.

Arno⁴⁰ –; Eu quero fazer a barba –; Mas seria melhor desfazê-la⁴¹ –; Vá, chame o barbeiro. – E por que não o barbário?⁴² – Os quais, como podes facilmente perceber, são modos vulgares e plebeus; tais foram, na maioria das vezes, os gracejos e os motejos de Dioneo⁴³. Mas, no presente, não cuidaremos de considerar a maior ou menor beleza dos motejos, uma vez que outros tratados já se estenderam nisso com muito melhores autores e mestres do que eu⁴⁴, e ainda porque os motejos dão ime-

....
40. Alusão a uma passagem da segunda novela da sexta jornada do *Decameron*; aí, o criado de um alto senhor é enviado por ele a um padeiro que, ademais, produzia um excelente vinho, pedindo-lhe que cedesse um tanto dele para servi-lo num banquete; o criado, contudo, em vez de levar apenas um pequeno recipiente para ser enchido, como seria próprio e educado, apresenta ao padeiro um enorme botijão. Diante de seu tamanho, o padeiro retruca que seu senhor não o enviara a ele, mas ao Arno – deixando pressuposto que apenas o volume do rio poderia ser suficiente para encher aquele botijão.

41. No italiano, o trocadilho se faz entre *radere* ("raspar") e *rodere* ("roer"); na impossibilidade de mantê-lo em português, tentou-se uma correspondência de mesmo tipo, que fosse tão mal sucedida quanto o original.

42. No italiano, o trocadilho infame faz-se entre *barbieri* ("barbeiro") e *barbadomani*, cuja suposta graça reside em substituir o *-ieri* ("ontem") por *-domani* ("amanhã"). Na impossibilidade de mantê-la idêntica em português, tentou-se um correspondente de similar mau gosto, em que o sufixo "-eiro" é substituído por "-ário", ambos sendo designativos de ofício ou profissão.

43. Trata-se de uma das três personagens masculinas que, no *Decameron*, participam das jornadas com a função de contar novelas aos demais; cabe-lhe presidir a sétima delas. Contudo, por ser considerado pelos outros o mais engraçado do grupo, ganha licença para não se ater necessariamente ao tema geral de cada uma das jornadas, de modo a poder contar livremente histórias que fossem divertidas e, por isso, capazes de combater a fadiga do fim do dia.

44. A alusão mais direta aqui é certamente *Il libro del cortegiano*, de Baldassare Castiglione (1478-1529), cuja última redação é publicada em 1528

diatamente amplo e certo testemunho de sua beleza ou de seu desprazer. Assim, pouco poderás errar nisso, a menos que estejas demasiadamente deslumbrado por ti mesmo, pois onde há um motejo agradável, há logo festa, riso e uma certa maravilha. Donde, se os teus gracejos não forem aprovados pelos risos dos circunstantes, evita continuar motejando, pois o defeito é teu e não de quem te escuta; porquanto, os ouvintes são quase tomados de cócegas pela presteza, elegância ou sutileza das respostas ou das proposições, e, mesmo querendo, não podem conter o riso e riem, a despeito da sua vontade; a eles, assim como juízos justos e legítimos, não se deve culpar ou reprovar. Para fazer com que alguém ria não se deve recorrer a palavras ou gestos grosseiros, nem inconvenientes, torcendo a cara e desfigurando-se, pois ninguém deve, para agradar o outro, aviltar a si mesmo, que é arte não de homem nobre mas de palhaço e bufão. Não se deve portanto seguir os modos vulgares e plebeus de Dioneo, "Dona Aldruda, levantai o rabo"[45], nem se fingir de louco, nem de tolo, mas quem puder diga a seu tempo alguma coisa bela, nova e que não venha à cabeça de qualquer um, e quem não puder, cale-se; pois esses são movimentos do intelecto, os quais, se são atraentes e elegantes, assinalam e testemu-

----

(cf., em português, *O cortesão*, editado pela Martins Fontes em 1997), e que é o grande modelo de todos os livros de civilidade produzidos no período. Particularmente em relação à propriedade dos motejos nas conversações do gentil homem, é importante o "Livro II", dos quatro de que se compõe.

45. Canção popular da época, que Dioneo começa a cantar quando há a despedida da quinta jornada do *Decameron*: "*Mona Aldruda, levate la coda, ché buone novelle vi reco*" ("Dona Aldruda, levantai o rabo, que boas notícias vos trago").

nham a destreza do espírito e dos costumes de quem fala (coisa que agrada sobremodo os homens e os torna queridos e amáveis); mas, se são o contrário disso, fazem efeito contrário, pois parece que um asno zomba ou que alguém muito gordo e de grandes nádegas dança ou salta sem roupas e de colete.

[XXI] Existe uma outra espécie de modos divertidos no falar, isto é, quando a graça não consiste em motejos, que no mais são breves, mas na fala longa e continuada, que requer ser ordenada e bem expressa, apresentando os modos, os costumes, os atos e os usos daqueles de quem se fala, de modo que o ouvinte tenha a impressão não de ouvir contar, mas de ver com os próprios olhos as ações que narras (o que otimamente souberam fazer os homens e as mulheres de Boccaccio[46], ainda que por vezes, se não me engano, tenham-se alterado mais do que conviria a uma mulher e a um cavalheiro, à maneira daqueles que narram as comédias), e, para fazer isso, é necessário ter o acidente, a novela ou a história que tenhas para contar, bem elaborada na mente, e as palavras prontas e preparadas de modo que não te convenha dizer a cada momento: – Aquela coisa –; – Aquele tal –; ou: – Aquele... como se chama? –; ou: – Aquele negócio –; nem: – Ajudai-me a dizer –; e: – Recordai-me o nome –; pois esse é justamente o trote

....
46. Trata-se das dez personagens que narram as histórias do Decamerão, a saber, Dioneo, Filóstrato e Panfilo, que são as três personagens masculinas; e Elisa, Emília, Fiammetta, Filomena, Lauretta, Neifile e Pampinea, as sete femininas.

do cavaleiro da senhora Horretta[47]. E, se narrares um acontecimento, no qual muitos intervenham, não deves dizer: – Aquele diz –; e: – Aquele responde –; pois todos são Aquele, de modo que quem ouve facilmente se perde. Convém portanto a quem narra colocar os nomes e depois não os mudar. Além disso, deve-se evitar dizer aquelas coisas que, silenciadas, não deixariam a novela menos agradável ou porventura ainda mais agradável: – Fulano, que é filho de Fulano, que morava naquela casa da rua do Cocomero[48], não o conhecestes? Que teve por mulher uma dos Gianfigliazzi: uma certa magrela, que ia à missa em San Lorenzo. Como não? Então, não conhecestes ninguém. – Um belo velho, de porte, que tinha uma cabeleira, não recordais? – Se em igual situação o mesmo caso se desse com outro, toda essa longa controvérsia teria sido de pouco fruto, ou antes de muito tédio àqueles que escutam, desejosos e ansiosos de ouvir o acontecido, fazendo-os perder tempo, assim como porventura fez o nosso Dante:

Meus pais eram lombardos
e mantuanos ambos por nascimento[49];

....
47. Cf. nota 37.
48. Antiga rua florentina.
49. São versos do *Inferno* (I, 68-9) de Dante Alighieri (1265-1321), autor que compõe a trindade toscana dos séculos XIII-XIV, ao lado de Boccaccio e Petrarca, que vai se constituir como o principal modelo de língua e cultura italiana do século XVI. Para exame das opções tomadas pela tradução, são os seguintes os versos dantescos originais:
E li parenti miei furon lombardi,
e mantovan per patria ambidui; (...)

pois era irrelevante se a mãe dele tivesse sido de Gazzuolo ou de Cremona. Aprendi com um grande retórico estrangeiro um ensinamento muito útil sobre isso, a saber, que as novelas devem ser compostas e ordenadas antes com apelidos e depois contadas com nomes[50]; pois aqueles são colocados segundo a qualidade das pessoas, e esses segundo o apetite dos pais ou daqueles a quem toca. Aquele que, no pensamento, foi a senhora Avareza, no escrever será o senhor Ermino Grimaldi, se tal for a opinião geral que tua região tiver dele, como em Gênova, foi dito a Guglielmo Borsieri que era o senhor Ermino[51]. E se na terra onde moras não houver ninguém muito conhecido e adequado à tua necessidade, deves figurar o caso numa outra região e pôr o nome que mais te agradar. É verdade que com maior prazer se costuma escutar e ter diante dos olhos o que se diz ter ocorrido a pessoas que nós conhecemos, se o acontecimento estiver de acordo com os costumes deles, do que aquilo ocorrido a estranhos, desconhecidos para nós. E a razão é esta: ao sabermos que certa pessoa costuma fazer assim, acreditamos que ela assim o tenha feito e a reconhecemos de pronto, enquanto com os estranhos não ocorre assim.

50. Nomes: Algumas observações do *Decameron* reportam à mesma instrução. Especificamente, na "Introdução" da primeira jornada, ao mencionar o nome das personagens-narradoras, Boccaccio afirma que os nomes delas são fictícios, mas apropriados às qualidades de cada uma em particular.

51. Della Casa refere aqui ao que se passa na oitava novela da primeira jornada do *Decameron*, na qual um certo senhor Ermino Grimaldi é conhecido por todos como Ermino Avareza, devido ao vício mais determinante de seu caráter.

[XXII] As palavras, tanto nas falas longas como nas outras formas de argumentação, requerem ser claras para que todos da companhia possam entendê-las facilmente, e ainda belas quanto ao som e quanto ao significado. Caso tenhas de dizer uma destas duas, dirás antes "ventre" que "pança", e onde a tua linguagem o permita dirás antes "barriga", que "ventre" ou "corpo"[52], pois assim serás entendido e não desentendido, como nós florentinos dizemos, sem lembrar o ouvinte de qualquer imundície. Pelo que, querendo o nosso excelente poeta[53] evitar, como creio, a essa mesma palavra, tratou de buscar outro vocábulo, não importando o quanto precisasse desviar-se para tomá-lo de outro lugar, e disse:

Recorda-te que fez o pecar nosso
Tomar Deus, para salvar-nos,
Humana carne do teu virginal claustro[54].

....

52. Della Casa postula uma hierarquia estilística na maneira de empregar os termos, que é preciso que fique clara no português; assim, o exemplo que dá é o de quatro vocábulos existentes no italiano para designar o "abdomen": *ventre* (mantido no português); *epa* (traduzido por "pança"); *pancia* (no português, "barriga") e *corpo* (também mantido). A sua idéia é basicamente a de que "barriga" é o mais adequado deles, já que é o mais claro a respeito de seu objeto, sem ser baixo ou conotar imundícies, mas também sem ser genérico demais.

53. Trata-se seguramente de Francesco Petrarca, principal modelo poético do período. Cf. nota 49.

54. São os seguintes os versos italianos:
Ricorditi che fece il peccar nostro
prender Dio per scamparne
umana carne al tuo virginal chiostro.

E ainda que Dante, também sumo poeta, pouco se preocupasse com tais instruções, não ouço que se diga dele por essa razão bem algum; e certamente não te aconselharei a desejá-lo como teu mestre na arte de ser gracioso, visto que ele próprio não o foi. Ao contrário, em certa crônica, encontro assim escrito a respeito dele[55]: "Dante, por seu saber, foi um tanto presunçoso, enjoado e desdenhoso, e, quase como um filósofo sem graça, não sabia conversar com os laicos."[56]

Mas, voltando à nossa matéria, digo que as palavras requerem ser claras; o que ocorrerá se souberes escolher as que são originárias de tua terra, mas que não sejam tão antigas a ponto de se terem tornado rançosas e antiquadas como roupas rotas, desusadas ou abandonadas, tais como espaldão, pança, carência, ultimado e primente[57]; e, além disso, se as palavras que tiveres à mão forem não de duplo entendimento, mas simples; pois daquelas, colocadas juntas, compõe-se a fala que tem por nome enigma, e que, no mais claro vulgar, chama-se jargão.

....
55. Della Casa refere-se à *Cronica* de Giovanni Villani (1280-1348), que, em seu Livro IX, 136, escreve a mais antiga das biografias de Dante.
56. Como os estudos eram praticamente exclusivos dos clérigos, o termo *letterati* (traduzido aqui como "letrados") emprega-se em oposição a *laici* ("laicos").
57. No original italiano, as palavras citadas por Della Casa são *spaldo, epa, uopo, sezzaio, primaio*, que lhe parecem marcadamente antiquadas ou em desuso. A tradução buscou termos de sentido semelhante que soassem desta maneira em português.

Vi alguém que por sete passadores
Foi de um lado ao outro transpassado.[58]

As palavras devem ser o mais possível apropriadas àquilo que se quer demonstrar, e o menos possível comuns a outras coisas, de tal modo que as próprias coisas pareçam estar diante de nós, sendo mostradas não com as palavras, mas com o dedo. Por isso, mais acertadamente diremos "reconhecido pelas feições" do que "pela figura" ou "pela imagem", e melhor representou Dante a coisa dita quando disse:

que os pesos
fazem assim ranger a balança[59].

do que se tivesse dito "gritar", "berrar" ou "fazer barulho"; e o mais singular é dizer "o arrepio da quartã"[60] do

....

58. De acordo com Carlo Cordié, curador da edição do *Galateo*, publicada por Riccardo Ricciardi, os versos são do *Sonetto alla burchiellesca*, de Antonio Alamanni. No original italiano, dizem o seguinte:
Io vidi un che da sete passatoi
fu da un canto all'altro trapassato.

A palavra de duplo entendimento de que fala Della Casa, no caso, é *passatoi*, que significa "passagem" e também "projétil". Tentou-se encontrar alguma correspondência em português mediante o uso da palavra "passadores", associada tanto a "passagem", quanto, em português arcaico, aos ferros pontiagudos das lanças de combate.

59. Versos do *Inferno*, canto XXIII, 101-2; no original, dizem o seguinte:
che li piesi
fan così cigolar le sue bilance.

60. *Inferno*, XVII, 85-6; em italiano:
il ribrezzo della quartana.

que se disséssemos "o frio"; e "a carne excessivamente gordurosa enjoa" do que se disséssemos "sacia"; e "estender as roupas" e não "espalhar"; e "os cotos" e não "os braços cortados", e à beira da água de um fosso

estão os sapos com a cabeça de fora[61]

e não "com a boca", sendo todos vocábulos de singular significação; e igualmente "a ourela da tela" mais do que "a extremidade". Bem sei que, se algum estranho, para minha infelicidade, deparasse com este tratado, zombaria de mim e diria que ensinava a falar em jargão ou antes cifradamente, uma vez que esses vocábulos são na maioria tão nossos[62] que nenhuma outra região os usa, e usados, não são entendidos pelos demais. E quem sabe o que Dante queria dizer neste verso:

Um barril, que aduela perde ou meias-luas?[63]

....
61. *Inferno*, XXII, 26; o verso em italiano é:
stan li ranocchi pur col muso fuori.

62. Della Casa alude aos hábitos lingüísticos da região da Toscana, cujo centro é Florença. Ademais, como está claro pelas próprias citações e exemplos incluídos no tratado, a Toscana fornece igualmente o modelo de língua literária do chamado Renascimento.

63. Trata-se do verso 22 do canto XXVIII do *Inferno*, de Dante, cujo original italiano é: *Già veggia, per mezzul perdere o lulla.*

A dificuldade de propor-se uma tradução do verso para o português é grande, e, em geral, pouco observada pelos tradutores de Dante, que tendem, ao contrário do que acentua Della Casa, a usar termos compreensíveis para leitores não toscanos. *Veggia* é um latinismo para designar "barril" e, na verdade, refere mais especificamente o carro capaz de transportar quantidades de líquido, no caso, o vinho; *mezzul* e *lulla* são partes do barril, em que o primeiro refere a madeira central e o segundo as duas

Certamente creio que ninguém a não ser nós florentinos. No entanto, se há algum engano nesse texto de Dante, segundo o que me foi dito, não está nas palavras; se ele errou, errou, antes de tudo, como homem um tanto obstinado, por se empenhar em dizer coisas incômodas de exprimir com palavras, e porventura pouco agradáveis de ouvir, do que por exprimi-las mal. Ninguém pode falar bem, portanto, com aquele que não entende a linguagem na qual fala. Tampouco, porque um alemão não sabe latim, devemos estragar a nossa língua ao falar com ele, ou fazer caricaturas à maneira de mestre Brufaldo[64], assim como costumam fazer alguns que tolamente se esforçam por falar na linguagem daquele com quem falam, qualquer que seja, dizendo tudo ao contrário; e freqüentemente ocorre de o espanhol falar italiano com o italiano, e o italiano falar, por pompa e afetação, em espanhol. Entretanto é mais fácil perceber que ambos falam estrangeiro do que conter a risada das bobagens que lhes saem da boca. Falaremos, pois, na linguagem alheia quando for mister sermos entendidos por alguma necessidade nossa; mas no trato comum falaremos na nossa, ainda que seja menos boa, do que na dos outros, melhor; pois mais corretamente falará um lombardo em sua língua, seja ela mais

....
meias-luas de madeira que completam o fundo. Evidentemente, perdido um ou ambos, rompe-se o barril e entorna-se todo o líquido armazenado – tal é a imagem que Dante propõe para descrever certa espécie de almas condenadas.

64. A personagem não está identificada; de acordo com Carlo Cordié (*op. cit.*) pode tratar-se de uma personagem de comédia, por ora não identificada, ou de algum tipo de referência proverbial local.

feia, do que em toscano ou em outra linguagem, pois, por mais que se esforce, não terá à mão vocábulos tão bons, próprios e particulares como os toscanos. Se alguém quiser ter consideração por aqueles com quem fala, abstendo-se para isso dos vocábulos singulares, de que já falei, e usando em lugar deles os gerais e comuns, os seus argumentos agradrão muito menos. O cavalheiro deve, além disso, evitar dizer palavras que não sejam honestas; e a honestidade dos vocábulos está no som e na voz ou no significado; pois ainda que alguns nomes venham a dizer coisa honesta, ouve-se ressoar na própria voz alguma desonestidade, tal como em recuar[65] (palavra que, não obstante, é usada todos os dias por todos); mas, se alguém, homem ou mulher, dissesse de modo igual, a respeito do mesmo, *pôr-se atrás* em vez de *ir para trás*, então apareceria a desonestidade da tal palavra; mas o nosso gosto, pelo costume, sente, por assim dizer, o vinho dessa voz e não o bolor.

As mãos alçou ambas com figas[66]

....
65. No original italiano, *rinculare* ("recuar"); retirado o *r* inicial, resulta *inculare*, isto é, "sodomizar", em registro chulo. Na tentativa de obter uma tradução do exemplo que mantivesse no português a idéia de um vocábulo, em si, "honesto", que ecoa, contudo, "alguma desonestidade", optou-se exatamente pelo vocábulo "recuar", que traz dentro de si o som "cu", que, isolado, é igualmente termo chulo.
66. Trata-se do segundo verso do vigésimo quinto canto do *Inferno*:
Le mani alzò con amendue le fiche.

"Fazer figas", isto é, introduzir o polegar entre o indicador e o médio é, ali, gesto insultuoso que alude ao sexo da mulher.

disse nosso Dante, mas não ousam assim falar as nossas damas; ao contrário, para evitar aquela palavra suspeita, dizem antes *castanhas*[67], ainda que algumas pouco astutas nomeiem com muita freqüência, desavisadamente, aquilo que, se outros nomeassem para pô-las à prova, fariam-nas enrubescer, mencionando, por meio de imprecações, aquilo que as faz mulheres. Por isso, aquelas que são ou querem ser bem educadas, procurem guardar-se não somente das coisas desonestas mas ainda das palavras desse tipo; nem apenas daquelas que são, mas também daquelas que possam ser, ou ainda parecer desonestas ou vergonhosas e sujas, como alguns afirmam ser estas de Dante:

> *Senão que no rosto e embaixo venta*[68];

e ainda estas:

> *Porém, dizei, onde é o próximo vão*
> ....
> *E um daqueles espíritos disse: Vem atrás de nós "acharás"; o buraco.*[69]

....
67. Manteve-se aqui o termo "castanhas", utilizado na expressão toscana *far le castagne* com o mesmo sentido, porém atenuado, da outra, mais pesada, que falava em *fiche* ("figas"). Cf. nota anterior.

68. Venta: Della Casa lê maliciosamente o verso 117 do canto XVII do *Inferno*, de Dante:

Se non ch'al viso e di sotto mi venta.

69. Outra leitura maliciosa da seqüência dos versos 111, 113 e 114 do canto XVIII do *Purgatório*, de Dante Alighieri. A tradução para o português tentou manter o duplo sentido descoberto por Della Casa; ressalte-se contudo que as leituras mais correntes, bem como as traduções da passagem

Deves saber que, ainda que duas ou mais palavras venham a dizer por vezes a mesma coisa, não obstante uma será mais honesta e a outra menos, como ao dizer *dèitou-se com ele* e com *sua pessoa se satisfez*, pois esse mesmo pensamento, dito com outros vocábulos, seria coisa desonesta de se ouvir. Mais corretamente dirás *o enamorado* do que se dissesses *o amante*, sendo que ambos os vocábulos significam aquele que ama; e parece mais conveniente falar *a menina* e *a amiga* do que *a concubina do Titã*[70]. É mais condizente à mulher, e também ao homem educado, nomear as meretrizes *mulheres da vida* (como Belcolore disse, mais vergonhosa no falar que no obrar)[71] do que dizer o seu nome comum: *Taide é a puta*[72]. Se Boccaccio, quando disse: *o poder das meretrizes e dos rapazes*[73], tivesse denomi-

....
não têm destacado ou anotado essa possibilidade de interpretação. O original italiano diz o seguinte:
però ne dite ond'è presso pertugio
....
E un di quelli spirti disse: Vieni
diretro a noi, che troverai la buca.
70. Alusão à deusa Aurora; a passagem encontra-se no *Purgatório*, primeiro verso do canto IX: ... *la concubina di Titone.*
71. A passagem diz respeito a um episódio do *Decameron* (oitava jornada, segunda novela): Dona Becolore é uma personagem que, embora aceite sem problemas morais ter relações com o padre e ainda cobrar por isso, quando se trata de referir a prostituta Biliuzza usa palavras pudicas ou eufêmicas como *femina di mondo* ("mulher do mundo" ou "da vida").
72. Puta: Dante, *Inferno*, XVIII, 133:
Taíde è la puttana....
73. Trata-se de uma frase da segunda novela da primeira jornada do *Decameron*; Della Casa cita-a, possivelmente de memória (*la potenza delle meretrici e de' ragazzi*), pois o verso original de Boccaccio é: *la potenzia*

nado os homens pela própria arte, assim como denominou as mulheres, sua fala teria sido indecorosa e vergonhosa. Assim, não somente se deve ter cuidado com as palavras desonestas e vulgares, mas ainda mais com as baixas, especialmente onde se conversa de coisas elevadas e nobres. Por essa razão talvez a nossa Beatriz merecesse alguma censura, quando disse:

> *O alto fado de Deus seria rompido*
> *Se o Lete passasse e tal comida*
> *Fosse saboreada sem a conta*
> *De arrependimento*[74];

pois, a meu parecer, não fica bem o baixo vocábulo das tavernas em tão nobre consideração. Nem se deve dizer *a lucerna do mundo*[75] em vez de *sol*, pois tal vocábulo representa o fedor do óleo e da cozinha; tampouco um homem distinto diria que São Domingos tinha sido

....

delle meretrici e de' garzoni. Seja como for, o que justifica a aprovação por Della Casa da maneira como Boccaccio menciona os "rapazes" ou "meninos" é que, assim, ele está a indicar eufemicamente que são, na verdade, "efeminados" ou "prostitutos".

74. São os versos 142-5 do canto XXX, do *Purgatório*:
> *L'alto fato di Dio sarebbe rotto*
> *se Lete si passasse e tal vivanda*
> *fosse gustata senza alcuno scotto*
> *di pentimento...*

75. Della Casa alude à imagem do sol utilizada por Dante no *Paraíso*, canto I, verso 38: *la lucerna del mondo...* A crítica que faz a esse uso supõe (o que os filólogos julgam discutível) que, ao tempo de Dante, o termo *lucerna* já se empregava como sentido de "lamparina" ou, enfim, de instrumento portátil de iluminação cujo pavio incandescente é mantido sobre o óleo.

*o amante da teologia*⁷⁶ ou contaria que os santos gloriosos disseram palavras tão vis como:

*e deixa coçar onde há sarna*⁷⁷,

que são sujeiras das fezes do povo vulgar, como todos podem facilmente perceber. Portanto nas falas longas requer-se ter as citadas considerações e algumas outras, as quais poderão mais comodamente aprendê-las de teus mestres e da arte que costumam chamar retórica. É preciso que te habitues a usar palavras gentis, modestas e doces de modo que nenhum sabor amargo tenham; e antes dirás: – Não soube dizer –; do que: – Não me entendestes –; e: – Pensemos um pouco se é assim como dizemos –; mais do que dizer: – Errastes –; ou: – Não é verdade –; ou: – Não o sabeis –; pois trata-se de costume cortês e amável desculpar os outros também naquilo em que os julgues culpados; antes, deve-se fazer comum um erro particular do amigo e tomar primeiramente uma parte para si e apenas depois censurá-lo ou repreendê-lo: – Erramos o caminho –; e: – Não nos recordamos ontem de fazer isso –; ainda que o desmemoriado seja apenas ele e não tu. O que Restagnone disse

....
76. Refere-se Della Casa aos versos 55-6, do canto XII do *Paraíso*, de Dante:
   Dentro vi nacque l'amoroso drudo
   Della fede cristiana, il santo atleta...
O termo *drudo*, de origem germânica, designa o "amante", mantida a conotação de "amor ilícito", de "amásio".
77. Verso 129, do canto XVII do *Paraíso*:
   e lascia pur grattar dove è la rogna.

aos seus companheiros não fica bem: – Se as vossas palavras não mentem[78] –; pois não se deve duvidar da palavra alheia; antes, se alguém te promete alguma coisa e não cumpre, não fica bem que digas: – Vós me faltastes com a palavra –; salvo se fosses obrigado por alguma necessidade de salvação de tua honra a assim dizer. Mas, se alguém te enganou, dirás: – Não vos recordastes de fazer assim –; e, se ele não se recordou, dirás antes: – Não pudestes –; ou: – Não vos veio à mente –; do que: – Esquecestes –; ou: – Não cuidastes de cumprir a promessa –; pois tais palavras têm alguma puntura e algum veneno de dor e vilania. De modo que aqueles que costumam dizer várias vezes tais motejos são reputados como pessoas ásperas e rudes, e assim deve-se fugir de sua companhia assim como de misturar-se entre espinhos e tríbulos.

[XXIII] Conheci pessoas que têm um costume ruim e desagradável, isto é, que são tão desejosas e ávidas de falar que não chegam a um sentido mas o ultrapassam, correndo adiante dele ao modo de sabujos que não aferram a presa, por isso não me resguardarei de te dizer uma coisa que poderia parecer supérfluo recordar por demasiadamente evidente, isto é, que não deves jamais falar sem antes ter formado no espírito aquilo que deves dizer. Pois assim os teus argumentos serão paridos e não abortados: os estranhos hão de me tolerar esta palavra, se algum deles algum dia curar de ler estas bobagens. E se não zombares do meu ensinamento, jamais

---

78. Mentem: *Decameron*, quarta jornada, terceira novela.

haverás de dizer: – Bem-vindo, senhor Agostinho –; a fulano que tiver por nome Agnolo ou Bernardo; e nem: – Lembrai-me de vosso nome –; e não repetirás, nem dirás: – Eu não falei bem –; nem: – Senhor, que eu o diga! –; nem gaguejarás ou balbuciarás por longo tempo até chegar a uma palavra: – Mestre Arrigo. Não: Mestre Arábico; mas o que digo! Mestre Agabito –, que são suplícios de corda[79] para quem te escuta. A voz não deve ser nem rouca nem áspera. Não se deve gritar, e nem por riso ou por outro acidente chiar, como as roldanas fazem; nem, enquanto boceja, falar. Bem sabes que não podemos nos atribuir, a nosso juízo, nem uma língua desembaraçada, nem uma boa voz. Quem é gago ou rouco não queira ser sempre aquele que gagueja, mas corrija o defeito da língua com o silêncio ou as orelhas; e ainda se pode, com empenho, diminuir o defeito da natureza. Não fica bem erguer a voz à maneira do pregoeiro, nem também se deve falar tão baixo que quem estiver escutando não ouça. E se não tiveres sido ouvido da primeira vez, não deves dizer a segunda ainda mais baixo; nem tampouco deves gritar, para não demonstrares irritação desde que te seja oportuno repetir o que havias dito. As palavras requerem ser ordenadas segundo

....
79. Tipo de tortura usada no período, em que se amarra uma corda ao pescoço do réu e são-lhe dados puxões com violência crescente; uma variante mais brutal do mesmo gênero de tortura faz com que a corda seja atada aos pulsos do réu, com os braços às costas, que é então suspenso a uma altura considerável, e, em seguida, solto abruptamente, de modo que seu próprio peso em queda provoque o impacto nas juntas e braços no momento em que a corda, ao atingir seu limite, é novamente retesada, com o réu já perto do chão.

o que pede o uso da fala comum, e não confusas e embaraçadas aqui e ali como muitos têm o costume de fazer por afetação. A fala desses se assemelha mais à de um notário que leia em vulgar a passagem que escreveu em latim do que à de um homem que argumente em sua linguagem; como é dizer:

imagens de bem seguindo falsas[80]

e:

de florir estas antes do tempo têmporas[81]

modos que às vezes convêm a quem faça versos, mas que são sempre inadequados a quem fala. É necessário não somente afastar-se, ao argumentar, da versificação, como também da pompa da arenga; de outro modo será desagradável e tedioso de ouvir-se, ainda que porventura maior maestria demonstre ao predicar do que ao conversar. Isso deve ser reservado ao seu lugar, pois quem anda pela rua não deve bailar mas caminhar, embora nem todos saibam dançar e andar todos saibam (mas aquilo convém nas bodas e não nas estradas). Guarda-te portanto da fala pomposa: "Crê-se por muitos filosofantes..."[82] e assim é todo o *Filocolo* e outros tratados de nosso senhor Giovanni Boccaccio, exceto a

---

80. Verso 131 do canto XXX do *Purgatório*, cujo original italiano é:
 imagini di ben seguendo false.
81. Petrarca (*Rime*, CCX, 14):
 del fiorir queste inanzi tempo tempie.
82. Palavras usadas por Tito, personagem da oitava novela narrada na décima jornada do *Decameron*: *Credesi per molti filosofanti...*

maior obra e, ainda mais que aquela talvez, o *Corbaccio*[83]. Não quero por isso que te habitues a falar de modo tão baixo quanto a escória do povo miúdo, como a lavadeira e a feirante, mas como os gentis-homens. E como se pode fazê-lo, em parte, mostrei-te acima, isto é, se não falares de matéria vil, frívola, suja, ou abominável; e se souberes escolher entre as palavras da tua linguagem as mais puras, as mais próprias e aquelas que têm melhor som e melhor significação, sem nenhuma menção de coisa imunda, feia ou baixa, e juntá-las, sem amontoá-las ao acaso ou metê-las numa enfiada com estudo muito evidente, e, além disso, se procurares dividir discretamente as coisas que tiveres de dizer, e evitares de unir as coisas destoantes entre si, como:

Túlio e Lino e Sêneca moral,[84]

e ainda:

Um era paduano e o outro, laico[85];

....

83. *Filocolo* (1336-8) é um *romance* em prosa, composto em cinco livros, que narra os amores de Florio e Biancifiore; a "maior obra", tantas vezes citada aqui, é o *Decameron*; sobre o *Corbaccio*, cf. nota 4.

84. O verso é de Dante (*Inferno*, IV, 141):
   Tullio e Lino e Seneca moral.
Manteve-se em português o termo "moral", que tem na passagem valor de epíteto de Sêneca, com o sentido, pois, de "moralista".

85. Trata-se de verso de um soneto de Domenico di Giovanni (1404-1449), florentino, conhecido pelo pseudônimo de *Burchiello* (isto é, "bote", "barca"). Devido ao tipo de artifício considerado bizarro que empregava em seus poemas, criou-se a expressão *poetare alla burchia*, que designa pejorativamente composições poéticas compostas de imagens enigmáticas e sem nexo aparente.

e se não falares tão lento como um apático, nem tão vorazmente quanto um esfomeado, mas como um homem equilibrado deve fazer, e se pronunciares as letras e as sílabas com uma conveniente doçura, mas não à maneira de mestre que ensina os meninos a ler e soletrar, nem ainda as mastigarás, nem engolirás coladas e emplastradas juntas uma na outra; se tiveres pois à memória esses e outros ensinamentos, tua fala será escutada de bom grado e com prazer pelas pessoas, e manterás o grau e a dignidade que convém a gentil-homem bem criado e educado.

[XXIV] Há ainda muitos que não conseguem ficar sem falar, e, assim como o navio levado num primeiro impulso não é detido ao se amainarem as velas, assim aqueles correm, transportados por um certo ímpeto, e, mesmo faltando a matéria de seu argumento, nem por isso terminam, e antes tornam a dizer o que já disseram ou falam inutilmente. Alguns são tão ávidos para falar que não deixam os outros falarem; e, como vemos às vezes nas eiras dos camponeses um frango a tirar a espiga do bico de outro, assim arrancam aqueles os argumentos da boca dos que os começaram, pondo-se eles a falar. E seguramente fazem com que os outros desejem brigar com eles, pois, se atentares bem, nada move mais o homem para a ira do que ver subitamente destruídos sua vontade e seu prazer, ainda que mínimos; como se tendo aberto a boca para bocejar, alguém a tapasse com a mão, ou, quando tendo erguido o braço para atirar a pedra, subitamente fosses contido por alguém que estivesse atrás de ti. Portanto, assim como esses modos e muitos outros semelhantes a esses que tendem a impedir a vontade e o apetite do outro, mesmo que por escárnio e brincadeira, devem ser evitados, assim também na conversação deve-se antes facilitar o desejo alheio que impedi-lo. Pelo que, se alguém estiver pronto para contar um fato, não fica bem atrapalhá-lo nem dizer que já o conheces; ou, se alguém, em meio à sua história, espalhar alguma mentira, não se deve reprová-lo com palavras ou atos, balançando a cabeça ou revirando os olhos, como muitos costumam fazer, afirmando não poderem de modo algum suportar o amargor da mentira. Contudo, essa não é a razão, mas antes o azedume e o fel de sua natureza rústica e áspera, que os tornarão venenosos e amargos na companhia dos homens, a ponto de ninguém os suportar. Da mesma forma, interromper as palavras na boca do outro é um costume aborrecido, e desagrada de modo não diferente de quando alguém está prestes a correr e outro o retém. Nem quando outro fala convém fazer com que seja deixado e abandonado pelos ouvintes, mostrando-lhes alguma novidade e dirigindo-lhes a atenção a outro lugar, pois não fica bem liberar aqueles que outro e não ele convidou. Requer-se estar atento quando se fala, para que não te convenha dizer de tempos em tempos: – Hem? – ou: – Como? – Vício que muitos costumam ter; e isso não é menor incômodo para quem fala do que topar com pedras para quem anda. Todos esses modos, e, em geral, o que pode refrear e atravessar o curso das palavras daquele que argumenta, requer-se evitar. Se alguém for lento ao falar, não se há de passar-lhe à frente ou emprestar-lhe palavras, ainda que as tenha em abundância e ele escassamente; pois muitos acharão ruim, especialmente aqueles que estão persuadidos de ser bons oradores, sendo-lhes manifesto que tu não os tenha por aquilo que eles próprios se têm e queiras socorrê-los na própria arte deles; da mesma forma que mercadores envergonham-se de que alguém lhes ofereça dinheiro, quase como se não o tivessem e fossem pobres e necessitados de ajuda. Sabe que todos pensam saber falar bem, ainda que alguém por modéstia o negue. E não consigo adivinhar de onde venha isso de que quem menos saiba mais fale; coisa da qual, isto é, de falar muito, convém que os homens educados se guardem, e especialmente sabendo pouco, não somente porque é grande façanha alguém falar muito sem errar muito, mas também porque parece que aquele que fala seja superior, de certo modo, àqueles que ouvem, como o mestre aos discípulos. Por isso não fica bem aproveitar-se da maior parte dessa superioridade que não nos convém, caindo em tal pecado não apenas muitos homens, mas muitos povos faladores e inoportunos, de modo que pobre da orelha que mordem. Mas, assim como falar excessivamente causa fastio, calar excessivamente causa ódio, pois calar ali onde outros falam entre si parece um não querer dar a sua parte da conta comum, e porque falar é um abrir-se do espírito a quem ouve, e o calar, ao contrário, parece um desejo de permanecer incógnito. Por isso, assim como aqueles povos que têm o hábito de muito beber e embriagar-se nas suas festas costumam pôr na rua os que não bebem, assim tais mudos são mal vistos nas reuniões alegres e amigáveis. Portanto, é costume agradável falar e ficar quieto, no momento devido.

[XXV] Segundo o que conta uma crônica muito antiga, houve na região da Morea um escultor, bom homem, que por sua ilustre fama, assim como creio, foi chamado pelo apelido de mestre Ilustríssimo[86]. Este, sendo já um ancião, desenvolveu certo tratado, no qual recolheu todos os ensinamentos de sua arte, que conhecia excelentemente, demonstrando como deveriam ser medidos os membros humanos, seja cada um por si, seja um em relação ao outro, para que fossem convenientemente correspondentes. Ele chamou seu volume *O cânone*[87], pretendendo dizer ali como deveriam ser dirigidas e calculadas doravante as estátuas feitas por outros mestres, tal como as traves, as pedras e as paredes eram medidas com a régua. Porém, uma vez que falar é algo muito mais fácil que fazer e obrar, e que, além disso, a maior parte dos homens (especialmente nós laicos e rústicos) tem sempre os sentidos mais prontos que o intelecto, e conseqüentemente melhor aprendemos as coisas singulares e os exemplos do que as gerais e os silogismos, palavra que quer dizer, em mais claro vulgar, argumentos, o valoroso homem citado acima, resguar-

---

86. No original italiano, *Chiarissimo*. Trata-se de uma tradução de Della Casa para o nome de Policleto, escultor grego do século V a.C. Em português, o termo "Ilustríssimo" parece ser o que mais se aproxima do sentido latino do nome (em que *polío* remete ao que "dá lustre ou remate a um objeto") e também o que melhor se aplica ao emprego que dele faz Della Casa, que vai justificar o nome tendo em vista a "ilustre fama" (*chiara fama*) do escultor.

87. No original italiano, *Il regolo*. "Cânone" é o termo com que se nomeia usualmente o modelo a que chegou Policleto, em suas tentativas de resolver as proporções da figura humana. A mais célebre referência ao caso encontra-se em Plínio, o Velho (*Naturalis hist.*, XXXIV, 55).

dando-se da natureza dos artistas pouco aptos aos ensinamentos gerais, e também para mostrar mais claramente a sua excelência, proveu-se de um fino mármore e fez, com grande esforço, uma estátua tão regular em cada membro e em todas as partes, quanto os ensinamentos do seu tratado previam. E, assim como tinha intitulado o livro, denominou a estátua, chamando-a *Cânone*. Ora, aprouvesse a Deus que eu fizesse, ao menos em parte, somente uma das duas coisas que o citado nobre escultor e mestre soube fazer perfeitamente, isto é, reunir neste volume as devidas medidas da arte, da qual trato; pois a outra, fazer o segundo *Cânone*, isto é, ter e observar nos meus costumes as citadas medidas, compondo como que um exemplo visível e estátua material, já não o posso mais fazer; ainda que nas coisas que pertencem às maneiras e costumes dos homens não baste ter a ciência e a regra, mas convenha, além disso, para efetuá-las, ter também a prática, a qual não pode ser adquirida num momento ou num breve espaço de tempo, mas em muitos e muitos anos, e a mim, como vês, restam poucos hoje. Porém, nem por isso deves ter menos fé nessas instruções, pois bem pode alguém ensinar aos outros o caminho, em que ele mesmo errou ao percorrê-lo; antes, aqueles que porventura se perderam melhor guardaram na memória as trilhas falaciosas e duvidosas do que aqueles que se mantiveram na via correta. E, se na infância, quando os ânimos são ternos e dóceis, aqueles que se importavam comigo tivessem sabido dobrar os meus costumes, talvez um tanto naturalmente duros e rústicos, atenuá-los e poli-los, ter-me-iam tornado porventura tal qual ora procuro tornar-te, que não deves ser menos que um filho querido; pois, apesar de as forças da natureza serem grandes, ela é com bastante freqüência vencida e corrigida pelo costume, devendo-se começar desde cedo a enfrentá-la e a rebatê-la antes que tome excessivo poder e ousadia. Porém, a maioria das pessoas não o faz. Ao contrário, atrás do apetite, desviados, sem resistência, seguindo-o onde quer que ele as leve, acreditam obedecer à natureza, como se a razão não fosse nos homens coisa natural; antes, esta tem, como senhora e mestra, o poder de mudar os costumes corrompidos e de socorrer e elevar a natureza, onde ela se incline ou caia alguma vez. Porém, geralmente não a escutamos, e assim geralmente somos iguais àqueles a quem Deus não a deu, isto é, às bestas, nas quais não obstante opera alguma coisa que não a sua razão (pois nenhuma delas a tem por si mesma), mas a nossa. Como podes ver que fazem os cavalos, pois muitas vezes, ou melhor, sempre, seriam por natureza selvagens, se seu instrutor não os tornasse mansos e além disso quase doutos e educados; muitos andariam com trote pesado, e são ensinados a andar com passo suave, a se manter parados e a correr; de modo semelhante, muitos são ensinados a girar e a saltar, e o aprendem, como sabes que o fazem. Ora, se o cavalo, o cão, os pássaros, e muitos outros animais ainda mais ferozes do que esses se submetem à razão alheia, obedecendo-lhe e aprendendo com ela o que sua natureza não sabia, ou antes repudiava, tornando-se quase virtuosos e prudentes quanto permita a sua condição, não por natureza mas por costume, o quanto se deve crer que nos tornaríamos melhores pelas instruções de nossa própria razão, se a ela déssemos ouvidos? Porém, os sentidos gostam e apreciam o pronto deleite, seja qual for, e ao aborrecimento têm ódio e afastam-se; por isso repudiam a razão, para eles, amarga, desde que esta lhes ponha à frente não o prazer, muitas vezes nocivo, mas o bem, sempre penoso e de amargo sabor ao gosto ainda corrompido. Pois enquanto vivemos segundo os sentidos, somos semelhantes ao pobrezinho enfermo, cuja comida, conquanto delicada e leve, parece-lhe acre ou salgada e queixa-se do serviçal ou do cozinheiro que nenhuma culpa têm nisso (pois ele sente o próprio amargor em que sua língua está envolvida, e com a qual saboreia, e não o do alimento); assim a razão, que por si é doce, parece amarga para nós pelo nosso sabor e não pelo dela. Por isso, como delicados e afetados, recusamos prová-la e escondemos a nossa fraqueza dizendo que a natureza não tem espora ou freio que possa impulsioná-la ou retê-la; e certamente, se os bois ou os asnos ou talvez os porcos falassem, creio que não poderiam dizer sentença mais vergonhosa nem mais inconveniente do que essa. Seríamos ainda meninos nos anos maduros e na última velhice, e assim iríamos embranquecidos delirar como fizemos quando crianças, se não fosse a razão que juntamente com a idade cresce em nós e, crescida, quase faz de bestas homens; assim, ela tem força e poder em relação aos sentidos e ao apetite, e se tresandamos na vida e nos costumes é por nossa maldade e não por defeito dela. Não é pois verdade que diante da natureza não exista freio, nem mestre, antes há os dois, pois um é o costume e o outro é a razão; porém, como te disse há pouco, ela não pode de mal educado fazer educado sem o costume, que é praticamente parto e efeito do tempo. Por isso, requer-se começar a escutá-la desde cedo; não somente porque assim o homem tem mais tempo para se habituar a ser como ela ensina, para tornar-se seu familiar e ser dos dela, mas ainda porque a tenra idade, por ser pura, mais facilmente tinge-se de toda cor; e também porque aquelas coisas, às quais as pessoas se habituam primeiro, costumam sempre agradar mais. Por essa razão, diz-se que Deodato[88], sumo mestre em narrar comédias[89], quis ser todavia o primeiro a narrar a dele, embora as dos outros, que deveriam ser ditas antes da dele, não fossem de grande valor; mas ele não queria que sua voz encontrasse as orelhas habituadas a um outro som, conquanto em si pior que o seu. Como não posso conciliar a obra com as palavras, pelas razões que te disse, tal como o mestre Ilustríssimo o fez, sabendo tanto fazer quanto ensinar, basta-me ter dito em parte o que se deve fazer, dado que em nenhuma parte valho para fazê-lo. Mas uma vez que olhan-

---

88. Outra tradução de Della Casa para o nome de autor antigo, no caso, Teodoro, ator grego. A anedota a que alude encontra-se originariamente na *Política* (1336b), de Aristóteles, quando este pretende demonstrar a força das primeiras impressões e necessidade de que os jovens mantenham-se afastados de costumes viciosos.

89. O termo "comédia" aplica-se, no período, de acordo com o que se usava nas retóricas medievais, a toda composição dramática de estilo médio, e não apenas ao teatro cômico, como se faz hoje. É nesse sentido que Dante pode chamar o seu grande poema, tantas vezes citado por Della Casa, de *Divina Commedia*. Acrescente-se ainda que Aristóteles, na aludida passagem da *Política*, chama Teodoro de "ator trágico". Cf. nota anterior.

do o escuro conhece-se como é a luz e ouvindo o silêncio aprende-se o que seja o som, assim tu poderás, observando as minhas pouco aprazíveis e quase obscuras maneiras, avistar a luz dos agradáveis e louváveis costumes. E, retornando à exposição deles, que logo mais terá o seu fim, dizemos que os modos agradáveis são aqueles que trazem deleite ou ao menos não levam o aborrecimento a nenhum dos sentidos, nem ao apetite, nem à imaginação daqueles com os quais tratamos; e desses temos falado até agora.

[XXVI] Porém, além disso, deves saber que os homens são muito atraídos pela beleza, pela medida e pela conveniência, repudiando, ao contrário, as coisas sujas, monstruosas e disformes. E isto é privilégio especial nosso, pois os outros animais não sabem conhecer o que seja a beleza, nem medida alguma, e por isso, como coisas não comuns às bestas mas próprias nossas, devíamos prezá-las por si mesmas e estimá-las muito, e ainda mais aqueles que maior sentido têm do homem, como mais aptos para conhecê-las. E, ainda que dificilmente se possa exprimir com precisão o que seja a beleza, a fim de que possas ter alguma noção de seu ser, quero que saibas que onde há medida conveniente das partes entre si e das partes com o todo, ali está a beleza; e é possível ter por verdadeiramente belo aquilo em que a dita medida se encontra. E pelo que ouvi outras vezes de um douto e erudito homem, a beleza requer ser una o mais que possa e a feiúra, ao contrário, múltipla, assim como vês que são os rostos das belas e formosas jovens, porque as feições de cada uma parecem criadas para um mesmo rosto, o que não ocorre com as feias, que, tendo olhos porventura muito grandes e saltados, nariz pequeno, bochechas rechonchudas, boca reta, queixo para fora e pele escura, parece que aquele rosto não seja de uma só mulher mas composto de rostos de muitas e feito de pedaços; encontram-se ainda aquelas, cujos membros são belíssimos de se ver em separado, mas todos juntos são desagradáveis e repulsivos, não por outra coisa, senão por serem feições de mulheres muito belas, e não de uma só, de modo que parece que ela os tenha tomado emprestado dessa ou daquela outra. E aquele pintor que porventura teve nuas diante de si as donzelas calabresas[90], nenhuma outra coisa fez que reconhecer em muitas os membros que elas tinham quase que tomado emprestados, aqui um, ali outro, de uma só; ao que, fazendo restituir de cada uma o seu, pôs-se a retratá-la, imaginando que assim, unida, devesse ser a beleza de Vênus. Não quero que penses que isso ocorra somente aos rostos, membros ou corpos, antes ocorre, tal qual, no falar e no obrar. Pois se visses uma nobre e elegante senhora lavando suas louças no riacho da via pública, ainda que não te importasses com ela, isto te desagradaria pois ela não se

....
90. Della Casa menciona, como se se tratasse de um episódio mais ou menos local, a conhecida anedota de Zêuxis, pintor grego que viveu no século V a.C., o qual teria escolhido as cinco mais belas virgens de Crotona (na Itália meridional, que então fazia parte da chamada Magna Grécia) e retirado de cada uma delas o seu traço mais perfeito, de modo a reuni-los no retrato da beleza ideal de Vênus ou, em algumas versões, de Helena. O episódio tem suas descrições mais conhecidas em Plínio (*op. cit.*, XXXV, 9 ss.) e Cícero (*De inventione*, II).

mostraria una, mas várias, porque o seu ser seria de senhora nobre e refinada e o seu agir seria de moça vil e baixa. Não sentirias dela odor ou sabor acre, nem som ou cor alguma desagradável, nem de outro modo desagradaria ao teu apetite, mas desagradaria por si o modo repulsivo e inconveniente, o ato desarmônico.

[XXVII] Portanto, convém que cuides também dessas maneiras desordenadas e inconvenientes com igual empenho, ou melhor, com maior ainda do que daquelas que acabei de citar; pois é mais difícil saber quando se erra nelas, uma vez que é mais fácil sentir que entender. Todavia, com bastante freqüência pode ocorrer que aquilo que desagrada aos sentidos, desagrade também ao intelecto, porém não pela mesma razão, como disse acima, mostrando-te que o homem deve se vestir ao modo dos outros, para que não dê mostra de repreendê-los ou corrigi-los, coisa que aborrece o apetite da maioria das pessoas, que gosta de ser louvada, e que desagrada também o juízo dos homens que concordam entre si, pois as roupas que são de uma outra época não se adequam à pessoa que é desta. São igualmente desagradáveis aqueles que se vestem no adeleiro, e que deixam à vista que o gibão deseja brigar com os calçados, tão mal ficam-lhe as roupas. De modo que muitas das coisas ditas acima, ou porventura todas, podem ser justamente repostas aqui, uma vez que naquelas não havia sido observada esta medida da qual falamos no presente, nem conduzidos tempo, lugar, obra e pessoa a um conjunto único e conciliado, como convinha fazer, porque disto se agrada a mente dos homens e daí toma prazer e deleite; mas preferi antes recolher e dispô-las sob aquela quase insígnia dos sentidos e do apetite a atribuí-las ao intelecto, para que todos pudessem reconhecê-las mais facilmente, dado que sentir e apetecer seja coisa fácil a todos, mas entender quase nenhum possa, sobretudo o que chamamos beleza, formosura ou graça.

[XXVIII] Não deve pois o homem contentar-se em fazer coisas boas, devendo empenhar-se em fazê-las também formosas. E a formosura não é senão uma certa luz que resplandece da conveniência das coisas que são bem compostas e bem estabelecidas uma em relação à outra e todas juntas, medida sem a qual também o bem não é belo e a beleza não é agradável. E como os alimentos que embora bons e saudáveis não agradariam aos convidados se nenhum sabor tivessem ou se o tivessem ruim, assim os costumes das pessoas, ainda que em si mesmos nada nocivos, são algumas vezes tolos e amargos, se não forem temperados por uma certa suavidade, chamada, como creio, graça e formosura. Por isso, todo vício em si, sem outra razão, desagrada aos outros, uma vez que os vícios são coisas vergonhosas e inconvenientes a tal ponto que as almas temperadas e compostas sentem desprazer e aborrecimento pela sua inconveniência. Pois, antes de mais nada, convém a quem gosta de ser agradável a todos na conversação fugir dos vícios, principalmente dos mais sujos, como a luxúria, a avareza, a crueldade e outros. Alguns deles são vis, como ser guloso e embriagar-se; alguns feios, como ser luxurioso; alguns celerados, como ser homicida. E igualmente todos os demais, em si mesmos e por sua natureza, são repudiados pelas pessoas, uns mais, uns menos; e, todos, em geral, como coisas desordenadas, tornam o homem desagradável no trato com os outros, como já te mostrei. Porém, porque não tratei de mostrar-te os pecados mas os erros dos homens, não deve ser um cuidado atual meu tratar da natureza dos vícios e das virtudes, mas somente dos modos adequados e inadequados que usamos um com o outro; um desses modos inadequados, de que eu já te falei, foi aquele do conde Ricciardo, o qual, por destoante e discordante dos seus outros costumes, belos e mesurados, logo foi sentido pelo valoroso bispo, assim como um bom e exímio cantor reconhece a voz desafinada. Convém pois às pessoas educadas cuidar da medida de que falei, no andar, no estar, no sentar, nos atos, no porte, no vestir, nas palavras, no silêncio, no repousar e no obrar. Porque o homem não se deve ornar à maneira da mulher, para que o ornamento não seja um e a pessoa outro, como vejo fazer alguns que têm os cabelos e a barba encaracolados com ferro quente, e o rosto, o pescoço e as mãos tão lisos e tão esfregados que seria inadequado a qualquer mocinha, ou melhor, a qualquer meretriz que tem pressa em traficar sua mercadoria e vendê-la a alto preço. Não se requer feder nem perfumar, para que o gentil-homem não tenha o odor dos velhacos; e nem de um varão venha odor de mulher ou meretriz. Nem por isso estimo que à tua idade sejam inadequados alguns odores simples de águas destiladas. Tuas roupas convém que estejam de acordo com o costume dos outros de teu tempo ou de tua condição, pelas razões que já disse; pois não temos poder de mudar os costumes a nosso juízo: o tempo os cria e também os consome. Todos podem bem apropriar-se do costume comum. Se porventura tiveres as pernas muito longas e usem-se roupas curtas, poderás fazer a tua roupa não das que forem mais curtas, mas das menos. Se alguém as tiver ou demasiado finas ou grossas além da conta, ou talvez tortas, não deve mandar fazer as calças de cores muito vivas, nem muito ornadas, para não convidar os outros a observar o defeito. Nenhuma veste tua requer ser muito, muito elegante, nem exageradamente ornada, para que não se diga que usas as calças de Ganimedes ou vistas o colete de Cupido[91]; porém, seja qual for, requer ser ajustada à pessoa e cair bem, para que não pareça que estejas com as roupas de um outro, e acima de tudo requer-se que convenha à tua condição, para que o clérigo não se vista de soldado e o soldado de bufão. Estando em Roma, em muita glória e triunfo, Castruccio[92], duque de Luca e Pistóia, conde palatino, senador de Roma, senhor e mestre da corte de Ludovico, o Bávaro, mandou fazer, por afetação e grandeza, uma roupa de tafetá, carmim, com um mote de letras de ouro ao peito: É COMO DEUS QUER; e nas costas igualmente letras que diziam: SERÁ COMO DEUS

....
91. Ganimedes, herói de origem troiana, era considerado "o mais belo dos mortais" e foi raptado por Zeus, que se apaixonara por ele, para servir-lhe de copeiro no Olimpo; Cupido, filho de Vênus, é o deus do Amor, representado tradicionalmente como uma criança aliada, que inflama os corações com suas setas.
92. Trata-se de Castruccio Castracani (1281-1328), Senhor de Luca, de quem Maquiavel chegou a escrever uma *Vita*, em 1520.

QUISER. Essa roupa creio eu que tu mesmo percebas que seria mais apropriada ao trombeteiro de Castruccio do que a ele. E embora os reis sejam dispensados de toda lei, não saberia todavia louvar o rei Manfredi[93] por sempre se vestir com tecidos verdes. Devemos pois procurar que a veste caia bem não somente ao corpo, mas também à condição de quem a usa, e, além disso, que convenha também ao lugar em que vivemos; pois tal como em outras terras há outras medidas, e, embora o vender, o comprar, o negociar se dêem por toda parte, há nas diversas regiões diversos usos, e em cada uma delas pode o homem tratar e permanecer adequadamente. As plumas que os napolitanos e os espanhóis usam na cabeça, as pompas e os bordados têm pouco lugar entre as roupas dos homens sérios e entre os hábitos citadinos, e ainda muito menos as armas e as malhas das armaduras; de modo que aquilo que em Verona[94] porventura conviria será inadequado em Veneza, pois não fica bem estar assim ornado, emplumado e armado nesta veneranda, pacífica e moderada cidade, antes parecem como que urtigas ou bardanas entre as ervas doces e domésticas das hortas, sendo assim pouco aceitas nas nobres companhias, tão destoantes o são. Não deve o homem nobre correr pela rua nem demasiado apressar-se, pois isso convém a cavalariços e não a gentishomens, sem dizer que ele cansar-se, suar e ofegar, coisas que são desagradáveis a tais pessoas. Nem por isso

....
93. Rei da Sicília de 1524 a 1566.
94. A alusão de Della Casa diz respeito à conhecida imagem de Verona, à época, como cidade militar. Nesse tempo, pertencia aos domínios de Veneza.

deve-se andar tão lento, ou tão contido, como mulher ou como esposa; e ao caminhar não convém mexer-se demasiadamente. Não se deve ficar balançando as mãos, nem jogar os braços, ou arremessá-los de modo que pareça que se está a semear cereais no campo. Nem fixar os olhos no rosto alheio, como se houvesse ali alguma maravilha. Há alguns que ao andar erguem o pé tão alto como um cavalo assustado, parecendo que estendem as pernas para fora de um balde; outros batem o pé na terra tão forte que pouco maior é o barulho dos carros; alguns jogam um dos pés para fora, e outros agitam as pernas; há os que inclinam-se a cada passo para puxar as calças, e os que sacodem o traseiro, pavoneando-se; coisas todas que desagradam, não por muito, mas por pouco graciosas. Pois se o teu palafrém deixasse porventura a boca aberta ou mostrasse a língua, ainda que para a docilidade dele não tenha nenhuma relevância, para o preço importaria bastante e valeria muito menos, não porque fosse menos forte, mas porque seria menos formoso. E se a formosura é apreciada nos animais e também nas coisas que não têm alma nem sentidos, como quando vemos que duas casas igualmente boas e cômodas não têm por isso igual valor, se uma tem proporções convenientes e a outra inconvenientes, quanto mais não deve ser buscada e apreciada nos homens?

[XXIX] Não fica bem coçar-se sentado à mesa, e nesse momento deve-se guardar o mais que possa de cuspir e, se o fizer, faça-se de modo adequado. Muitas vezes ouvi que existem povos tão sóbrios que jamais cuspiam: bem podíamos nós abster-nos disso por um breve espaço de tempo. Devemos também guardar-nos de comer o alimento tão vorazmente para que não resultem soluços ou outro ato desagradável, como faz quem se apressa tanto que chega a ofegar e a bufar, para aborrecimento de todos os presentes. Da mesma forma, não fica bem esfregar os dentes com o guardanapo, e muito menos com o dedo, pois são atos deselegantes. Não fica bem enxaguar a boca com vinho e cuspi-lo à vista de todos; nem é um costume educado levantar-se da mesa levando à boca o espeto[95] à maneira de um pássaro que faz seu ninho, ou na orelha como os barbeiros. E quem leva no colo os palitos de dente[96] sem dúvida erra, pois, além de ser um estranho utensílio a ser visto no peito de um gentil-homem, fazendo-nos lembrar daqueles tiradentes que vemos subir nos bancos das praças, ele também mostra que está muito aparelhado e provido para os serviços da gula; e não sei bem dizer por que estes não carregam também a colher presa ao pescoço. Não convém também largar-se sobre a mesa nem encher de comida os dois lados da boca até que as bochechas inchem. Não se deve fazer nenhum ato pelo qual se mostre que a comida ou o vinho lhe tenham sido grandemente satisfatórios, pois são costumes de taverneiros e beberrões. Convidar aqueles que estão à mesa e dizer: – Não comestes esta manhã –; ou:

....
95. No original italiano, *stecco*. Trata-se de um antigo instrumento usado nas refeições para perfurar e mover os alimentos (com uma função semelhante, pois, à do garfo). Era feito usualmente de um ramo desfolhado e fino, ou então de pena de ganso, o que explica a piada enunciada a seguir.
96. No original italiano, *stuzzicadenti*; à época, eram feitos de marfim, osso ou metal.

– Não havia nada que vos agradasse –; ou: – Prova isto ou aquilo –; não me parece um costume louvável, embora a maioria das pessoas o tenha por familiar e comum; pois, conquanto fazendo isso mostrem preocupação com aquele que convidam, muitas vezes também dão razões para que almoce com pouca liberdade pois, parecendo-lhe que está sendo observado demais, envergonha-se. Não creio que fique bem oferecer alguma coisa do prato que se tem à frente[97], se quem o fizer não for de uma condição muito melhor, para que o presenteado seja honrado, pois entre os de condição igual parece que aquele que dá se faça de certo modo maior que o outro, e, às vezes, aquilo que alguém dá não agrada àquele a quem é dado; sem dizer que assim mostra-se que o banquete não é abundante em comida ou esta não esteja bem distribuída, quando a um excede e a outro falta, podendo o senhor da casa tomar-se de vergonha; contudo, nisto deve-se fazer como se faz e não como é bem fazer-se, e requer-se antes errar com os outros em tais costumes do que fazê-lo corretamente sozinho. Mas, seja o que convier, não deves recusar aquilo que te é trazido, pois parecerá que desprezas e repreendes aquele que te oferece. Convidar a beber (costume que, por não ser nosso, denominamos com vocábulo estrangeiro, isto é, fazer um brinde[98]), é em si repreensível e

....
97. O prato que está diante do comensal não é um próprio ou exclusivo dele: em geral, nesse período, comiam duas ou mesmo mais pessoas em cada prato.
98. No italiano, a expressão é *far brindisi*; ao que parece, derivada do alemão *bring dir's* ("ofereço a ti", "bebo em tua honra"); também é possível que a expressão apenas tenha se italianizado depois de passar pelo

em nossa região não entrou ainda em uso; assim não se deve fazê-lo. Se alguém te convidar, poderás facilmente não aceitar o convite ou dizer que te dás por vencido, agradecendo ou mesmo provando o vinho por cortesia, sem de fato bebê-lo. E, conquanto esse tal brinde, segundo o que ouvi de vários letrados, tenha sido costume em regiões da Grécia, e ainda que esses louvem muito um bom homem daquela época chamado Sócrates (pois ele agüentou beber toda uma noite, em disputa com outro bom homem chamado Aristófanes, fazendo, no alvorecer da manhã seguinte, um preciso cálculo geométrico, sem nada errar, demonstrando assim que o vinho não lhe havia feito mal), e ainda que afirmem além disso que, assim como arriscar-se várias vezes nos perigos da morte torna o homem franco e seguro, assim também habituar-se aos perigos da indelicadeza torna-o temperado e educado, e por isso beber vinho de modo abundante e excessivo por disputa é grande prova de força dos bebedores, querendo que isso se faça como prova de nossa firmeza e para nos acostumar a resistir às fortes tentações e a vencê-las; não obstante isso, a mim parece-me o contrário e estimo que as razões deles sejam bastante frívolas. Achamos que os letrados pela pompa de sua fala freqüentemente fazem o engano vencer e a razão perder. De modo que não lhes damos fé nisso e também poderia ser que assim quisessem desculpar e encobrir o pecado de sua terra corrompida por esse vício; uma vez que reprová-lo parecesse talvez perigoso,

---

....
espanhol *brindar* (que também se conserva no português) resultando no verbo *brindare*.

e porventura temessem que lhes ocorresse o que ocorreu ao mesmo Sócrates por sua excessiva reprovação a todos (pois por inveja foram-lhe imputados muitos artigos de heresia e outros pecados infames, tendo sido condenado à morte, embora injustamente, pois em verdade foi bom e católico[99] segundo a sua falsa idolatria); mas certamente por ter bebido tanto vinho naquela noite nenhum louvor mereceu, por mais que tivesse bebido ou tomado uma tina; e se nenhum incômodo lhe fez, isto se deveu antes à virtude do cérebro robusto, do que à continência de homem educado. O que quer que digam as antigas crônicas sobre isso, agradeço a Deus que, entre as muitas outras pestilências que vieram de além-montes, não chegou aqui essa péssima: considerar não somente como jogo mas antes como valor o embriagar-se. Jamais acreditarei que a temperança deva ser aprendida de mestres tais como o vinho e a embriaguez. O senescal, por si, não deve convidar os estranhos ou retê-los a comer com o seu senhor, e nenhum homem avisado haverá que se ponha à mesa pelo seu convite, mas há algumas vezes domésticos tão presunçosos que querem fazer aquilo que toca ao patrão. Essas coisas dizemos nesse momento mais por ocasião do que por necessidade da ordem que tomamos desde o princípio.

....
99. No original italiano, lê-se: ...*che di vero fu buono e cattolico secondo la loro falsa idolatria*... O emprego do termo "católico" em relação a Sócrates parece fazer-se simplesmente no sentido de atribuir-lhe a qualidade de "integridade" ou "bondade"; em qualquer caso, é notório, em tantas passagens do *Galateo*, a apropriação das personagens da história antiga em situações próximas do presente da península itálica.

[XXX] Ninguém deve despir-se e especialmente tirar as calças em público, isto é, onde estiver a honesta companhia; pois o ato não é conforme ao lugar e poderia também ocorrer que aquelas partes do corpo que estão cobertas se descobrissem para sua vergonha e de quem o visse. Nem pentear-se, nem lavar as mãos se requer em meio às pessoas, pois são coisas a fazer no quarto e não às vistas; salvo (falo do lavar as mãos) quando se requer ir à mesa; pois então convém lavá-las à vista, ainda que não tivesses nenhuma necessidade, a fim de que quem compartilhe contigo o mesmo prato o saiba com certeza[100]. Do mesmo modo, não se deve aparecer com a touca da noite na cabeça, nem também amarrar as calças na presença de toda a gente. Há alguns que têm por vício torcer de tempos em tempos a boca ou os olhos, ou inchar as faces e bufar, ou fazer com o rosto outros semelhantes atos abomináveis. Convém que abstenham-se totalmente disso, pelo que me foi dito por certos literatos a respeito da deusa Palas[101], a qual se deleitou um tempo em tocar a cornamusa sendo nisso exímia. Ocorre que tocando deleitosamente um dia sozinha em uma fonte, ela se viu na água e, apercebendo-se dos estranhos movimentos que fazia com o rosto enquanto tocava, envergonhou-se e lançou fora a cornamusa. E, na verdade, fez bem, pois não é instrumen-

....
100. Cf. nota 94; acrescente-se que, à época, as pessoas usualmente tomavam os alimentos com as mãos do prato comum ou partilhado.
101. Palas Atena, deusa guerreira, é também considerada como deusa da razão; ademais, preside as artes, a filosofia e a literatura. Tradicionalmente, é-lhe atribuída a invenção da flauta, que, entretanto, teria jogado fora por desfigurar-lhe a face.

to de mulher, ou antes não convém igualmente aos homens se tais não forem de condição baixa e o façam por dinheiro e ofício[102]. E o que digo dos movimentos desajeitados do rosto, vale igualmente para todos os membros, pois não fica bem mostrar a língua nem cutucar demasiadamente a barba como muitos têm costume de fazer, nem esfregar as mãos uma na outra, nem soltar suspiros e ais, nem tremer ou sacudir-se (o que igualmente costumam fazer alguns), nem espreguiçar-se e, espreguiçando-se, exclamar docemente: – Ai! Ai! – como camponeses que despertam no palheiro. E quem faz barulho com a boca em sinal de surpresa e às vezes de desprezo, transforma-se em algo feio, como podes ver; e as coisas transformadas não estão demasiadamente longe das verdadeiras. Não se requer dar risadas tolas nem também abundantes ou disformes, nem rir por costume e não por necessidade. Nem de teus próprios motejos deves rir, pois é um louvar a ti mesmo. Deve rir quem ouve e não quem fala. Não quero que acredites que, por ser cada uma dessas coisas um pequeno erro, todas juntas sejam um pequeno erro; ao contrário, um grande erro é feito e composto de muitos pequenos, como disse a princípio, e quanto menores sejam, tanto mais é necessário que abram-se os olhos, pois não sendo fa-

....
102. A prescrição ecoa diretamente *O cortesão*, de Baldassare Castiglione; este, no livro II, capítulo 12, recomenda que o cortesão pratique as artes apenas como passatempo e não como atividade principal, embora deva dominá-las suficientemente para dar gosto à companhia. Em relação à música, Castiglione adverte que seu exercício não seja tanto a ponto de produzir deformações no rosto, o que julga ser freqüente naqueles que se dedicam aos instrumentos de sopro, os quais, por isso mesmo, mostram-se próprios apenas para profissionais.

cilmente percebidos tornam-se um costume; e como as contínuas despesas miúdas ocultamente consomem os bens, assim esses leves pecados, às escondidas, consomem em número e quantidade a bela e boa educação; pelo que não se deve brincar com isso. Requer-se também ter em mente o movimento do corpo, sobretudo ao falar; pois ocorre com bastante freqüência que se esteja tão atento àquilo que se argumenta que pouco se importa com o outro, e há quem balance a cabeça, arregale os olhos e um cílio estenda ao meio da fronte e o outro incline até o queixo; certos tipos torcem a boca; outros cospem ao redor e no rosto daqueles com quem falam; encontrando-se também os que mexem tanto as mãos como se quisessem caçar moscas, sendo todas maneiras deselegantes e desagradáveis. Já ouvi dizer (pois muito convivi com pessoas doutas, como sabes) que um valoroso homem, denominado Píndaro[103], costumava dizer que tudo o que tem em si sabor suave e adequado foi condimentado pela mão da Formosura e da Beleza[104]. Ora, o que devo dizer daqueles que saem do gabinete, diante de todos, com a pena na orelha? E de quem leva o lenço à boca? Ou de quem coloca uma das pernas sobre a mesa? E de quem cospe nos dedos? E de outras inumeráveis tolices? As quais não poderiam ser todas reunidas, nem eu pretendo experimentá-lo: antes haverá porventura muitos que dirão que estas mesmas de que te falei sejam excessivas.

....
103. Trata-se do célebre poeta grego, que viveu entre 518 e 438 a.C.; a citação de Della Casa é identificada com o trigésimo verso da *Olímpica*, I.
104. No original italiano, em maiúsculas, *Leggiadria* e *Avvenentezza*.